CB066542

MICHEL TEMER
A ESCOLHA

Como um presidente conseguiu superar grave crise e apresentar uma agenda para o Brasil

Entrevistas a **Denis Rosenfield**

CIP-BRASIL. CATALOGAÇÃO NA PUBLICAÇÃO

SINDICATO NACIONAL DOS EDITORES DE LIVROS, RJ

T278e

Temer, Michel, 1940-

A escolha : como um presidente conseguiu superar grave crise e apresentar uma agenda para o Brasil / Michel Temer ; prefácio Antonio Delfim Netto. - 1. ed. - São Paulo : Noeses, 2020.

224 p. ; 23 cm.

Posfácio

ISBN 978-65-990513-4-0

1. Temer, Michel, 1940- Narrativas pessoais. 2. Brasil - Política e governo - 2016-2018. I. Título.

20-65075

CDD: 320.981

CDU: 32(81)"2016/2018"

Camila Donis Hartmann - Bibliotecária - CRB-7/6472

MICHEL TEMER
A ESCOLHA
Como um presidente conseguiu superar grave crise e apresentar uma agenda para o Brasil

Entrevistas a **Denis Rosenfield**

Prefácio de **Delfim Netto**

2020

editora e livraria
NOESES

Copyright 2020 © By Editora Noeses
Fundador e Editor-chefe: Paulo de Barros Carvalho
Gerente de Produção Editorial: Rosangela Santos
Arte e Diagramação: Renato Castro
Designer de Capa: Aliá3 - Marcos Duarte
Revisão: Georgia Evelyn Franco
Entrevistador: Filósofo Denis Rosenfield

TODOS OS DIREITOS RESERVADOS. Proibida a reprodução total ou parcial, por qualquer meio ou processo, especialmente por sistemas gráficos, microfílmicos, fotográficos, reprográficos, fonográficos, videográficos. Vedada a memorização e/ou a recuperação total ou parcial, bem como a inclusão de qualquer parte desta obra em qualquer sistema de processamento de dados. Essas proibições aplicam-se também às características gráficas da obra e à sua editoração. A violação dos direitos autorais é punível como crime (art. 184 e parágrafos, do Código Penal), com pena de prisão e multa, conjuntamente com busca e apreensão e indenizações diversas (arts. 101 a 110 da Lei 9.610, de 19.02.1998, Lei dos Direitos Autorais).

2020
Todos os direitos reservados

editora e livraria
NOESES

Editora Noeses Ltda.
Tel/fax: 55 11 3666 6055
www.editoranoeses.com.br

Prefácio

Quando os tempos se acalmarem, pesquisadores honestos focarão suas teses de doutoramento sobre os incríveis catorze anos de governo do PT e sobre o seu sucessor, Temer. Sob Lula, registrou-se o único surto de crescimento dos últimos 20 anos. Ajudado por um enorme entusiasmo social e por uma extraordinária melhoria das nossas "relações de troca", soube aproveitá-las para acelerar o crescimento e melhorar a distribuição de renda. Infelizmente, tudo foi destruído pela busca da reeleição de Dilma a qualquer preço. Seu voluntarismo econômico, a partir de 2012, acabou na dramática recessão de 2014 a 2016, que: 1°) reduziu a média do PIB *per capita* anual em 3%; 2°) elevou o *deficit* fiscal de 2,3% para 9% do PIB; 3°) fez a relação Dívida Bruta/PIB saltar de 54% para 70%; 4°) transformou o *superavit* primário de 2,2% do PIB em 2012, num *deficit* primário de 2,5% do PIB, uma inversão total de 4,8% do PIB; 5°) a produção industrial voltou ao nível de 2003 e, por fim, mas não menos grave, os PACs deixaram mais de catorze mil (14 mil) obras inacabadas porque iniciadas sem projetos executivos adequados. Mas foram as "pedaladas" e a indisposição de Dilma para o exercício da política que determinaram o seu impedimento.

A longa e desagradável História deve ser lembrada, porque essa foi a herança deixada para Temer. Sua ação começou na formação do seu corpo técnico. Cercou-se e cooptou o que havia de mais competente e treinado na administração pública do País, sem olhar se haviam pertencido à administração do PT, como testemunham excepcionais burocratas que continuaram na Casa Civil. A prova provada é que o Ministro Guedes, inteligentemente, aproveitou boa parte do funcionalismo competente e honesto com o qual Temer governou. Os que não ficaram, ou foram atraídos para governos estaduais, ou não resistiram ao intenso namoro do setor privado.

A sua grande conquista – como tinha que ser – foi na organização política. Ajudado por uma Casa Civil – civilizada e treinada no exercício da política – construiu uma espécie de "parlamentarismo de ocasião" e dividiu com o Congresso, a administração do País. Obteve vitórias surpreendentes, a EC do Teto de Gastos, a reforma trabalhista. É tempo de registrar, com tristeza, que a reforma da previdência, sem a qual não há a menor esperança de voltarmos a um sadio equilíbrio fiscal, foi frustrada pela denúncia criminosa de um dipsômano, o Sr. Rodrigo Janot, Procurador-Geral da República, e pela recusa ao consequencialismo pelo Supremo Tribunal Federal que poderia tê-la postergado para 2 de janeiro de 2019, sem qualquer prejuízo para o perfeito funcionamento da Justiça. Com isso, provavelmente Temer a teria aprovado com dois anos de antecedência, com altíssimos ganhos para a administração fiscal do Brasil.

Não tenho a menor dúvida que quando chegar o julgamento – sem ideologia e sem oportunismo – a que me referi no início deste texto, Temer será classificado como um Presidente inovador e reformista. De fato, a densidade de suas medidas corretivas dos desvios da boa administração do País, por unidade de tempo, foi a maior desde a Constituição de 1988.

Estas entrevistas revelam o intelectual tranquilo, o competente professor de Direito Constitucional, o político sofisticado capaz de fazer tricô com quatro agulhas e, afinal, o atento respeitador da dignidade imposta pelos importantes cargos que ocupou, todos com brilhantismo. Tenho para mim que Michel Temer, o homem, e, a despeito das agruras, feliz, viveu intensamente a atividade que o escolheu: o exercício sério e ponderado da política, desde os tempos do seu XI de agosto. Cumpriu com suprema dignidade a sua árdua missão, com "perfer et obdura"!

Delfim Netto

Apresentação

Michel Temer recebeu um país totalmente desarrumado. País em recessão, desemprego em alta, crise institucional, sua solução via *impeachment*, descrença generalizada, expectativas frustradas. Entregou a casa arrumada em pouco mais de dois anos. Dentre os seus inúmeros feitos: tirou o país da recessão, a disciplina fiscal, mediante inclusive a aprovação da Lei do Teto dos Gastos Públicos, uma profunda reforma trabalhista, a reforma do Ensino médio, o controle da inflação, profissionalização de empresas estatais, a Petrobras sendo um exemplo. Tudo isto mediante uma habilidade ímpar para o diálogo e para a pacificação. Não fossem as calúnias e acusações mentirosas que contra ele foram lançadas, teria concluído a Reforma da Previdência, naquele então, pronta para ser votada. O Brasil seria, hoje, um outro país.

Em uma de nossas inúmeras conversas, que com o tempo se tornaram semanais, seja em Brasília, seja em São Paulo, surgiu a ideia, conjunta com um editor amigo, de fazermos um documento histórico que retratasse este período. E o fizemos em um momento particularmente difícil, pois o seu governo, naquele então, era atacado por todos os lados e sua honra pessoal diretamente atingida. Fui tomado pela seguinte questão: como nossos filhos e netos poderiam compreender este período se não pelo depoimento direto daquele que foi o seu maior artífice? Deveríamos ficar tolhidos pelo peso maciço de campanhas, inclusive midiáticas, que o tinham como alvo? Não seria oportuno, senão historicamente necessário, produzir um documento que pudesse servir não somente para o presente, mas também para o futuro?

Sabemos que, ao deixar a Presidência, a vida pessoal de Michel Temer foi ainda submetida a provações maiores. Não esmoreceu. Com um amigo, o visitamos várias vezes. O sentimento de injustiça, mesmo de solidão, era particularmente presente. A ideia do livro, naquele momento particularmente difícil, intenso, ganhou ainda mais força. Era ainda mais urgente produzir este testemunho de época.

No transcurso de nossas gravações, todas no Palácio da Alvorada, naquela magnífica biblioteca, salvo uma no Palácio do Jaburu, costumávamos nos reunir para um almoço, às vezes com outros poucos amigos, para discutirmos tanto os episódios políticos do dia, quanto para alinhavarmos o que seria objeto de conversa e questionamento.

Em nenhuma ocasião me senti cerceado. O Presidente estava sempre disposto a responder a todas as perguntas, inclusive algumas que eram penosas e, no limite, desagradáveis. No máximo, faria uma observação irônica em um intervalo de que eu teria pegado um pouco forte demais. Ossos do ofício e obrigação do homem público! Tudo isto, porém, com galhardia e bom humor.

Espero que os leitores deste livro possam desfrutar dessa "conversa", um documento que temos a pretensão, embora humilde, de que possa servir para as próximas gerações e para todos que viveram este crucial período da História brasileira.

Denis Rosenfield
Filósofo

Sobre Michel Temer

1. Bacharel em Ciências Jurídicas pela Faculdade de Direito da Universidade de São Paulo, havendo concluído o curso em 1963.
2. Doutor em Direito Constitucional pela Pontifícia Universidade Católica de São Paulo.
3. Professor de Direito Constitucional nos cursos de graduação e pós-graduação na PUC-São Paulo.
4. Diretor dos Cursos de Pós-Graduação da PUC – São Paulo.
5. Diretor da Faculdade de Direito de Itu.
6. Procurador do Estado.
7. Duas vezes Procurador-Geral do Estado de São Paulo, 1983 e 1992.
8. Duas vezes Secretário da Segurança Pública do Estado de São Paulo, 1984/86 e 1992/93.
9. Secretário de Governo do Estado de São Paulo, 1993.
10. Diretor do Instituto Brasileiro de Direito Constitucional.
11. Deputado Federal Constituinte, em 1987, e mais cinco mandatos de Deputado Federal.
12. Líder do PMDB na Câmara Federal, 1995/96.
13. Três vezes Presidente da Câmara dos Deputados.
14. Membro da Academia Paulista de Letras Jurídicas

15. Autor dos Livros: "Território Federal nas Constituições Brasileiras", "Elementos de Direito Constitucional", "Constituição e Política", "Cidadania e Democracia", "O Brasil no Mundo: Abertura e Responsabilidade" e o de poemas: "Anônima Identidade".

16. Artigos publicados em revistas especializadas e nos jornais brasileiros e estrangeiros.

17. Proferiu conferências em várias Universidades do País, em Câmaras Municipais e Assembleias Legislativas dos Estados, em Universidades no Exterior e em encontros empresariais e acadêmicos no país e no exterior.

18. Exerceu a Vice-Presidência da República, 2011/2016.

19. Abriu, por três vezes, a Conferência Internacional da ONU em Nova York.

20. Como Vice-Presidente da República, coordenou as Comissões de Alto Nível Brasil/China e Brasil/Rússia.

21. Exerceu a Presidência da República, Maio/2016 a 1º/Janeiro/2019.

22. Como Presidente da República, participou de várias reuniões do G20 e do BRICS.

23. Como Presidente da República, também participou de encontros bilaterais com inúmeros Chefes de Estados e de Governo no Brasil e no Exterior.

Obras Publicadas:

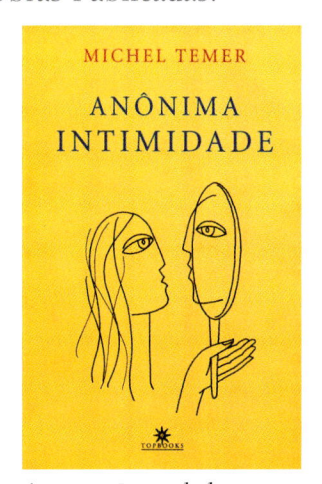

Anônima Intimidade
Michel Temer
Topbooks, 2012

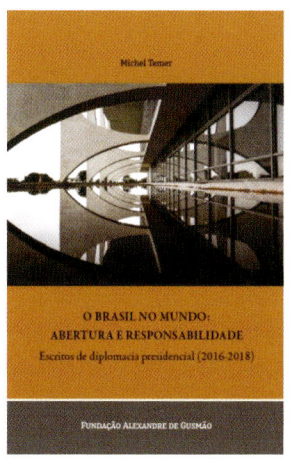

O Brasil no Mundo: Abertura e Responsabilidade
Michel Temer
Fundação Alexandre de Gusmão, 2018

Constituição e Política
Michel Temer
Malheiros, 1994

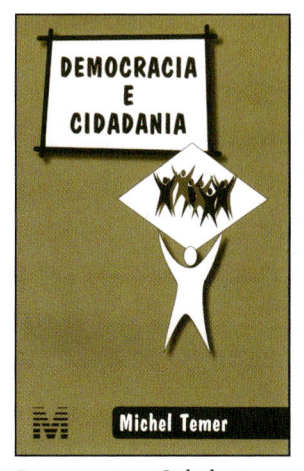

Democracia e Cidadania
Michel Temer
Malheiros, 2006

Obras Publicadas:

Elementos de Direito Constitucional

Michel Temer

Malheiros, 2017

Território Federal nas Constituições Brasileiras

Michel Temer

Revista dos Tribunais, 1975

Sumário

PREFÁCIO V
APRESENTAÇÃO... VII
SOBRE MICHEL TEMER.. IX

CAPÍTULO 1.. 1
    INFÂNCIA
    FACULDADE DE DIREITO E VIDA POLÍTICA
    O IMPEDIMENTO
    A PRESIDÊNCIA DA REPÚBLICA

CAPÍTULO 2.. 35
    REFORMAS PRESIDENCIAIS
    O PROFESSOR, O POETA E FUTURO ROMANCISTA

CAPÍTULO 3.. 69
    A CONSTITUIÇÃO DE 1988
    O DEPUTADO CONSTITUINTE
    A PRESIDÊNCIA
    ORDEM E PROGRESSO
    RELAÇÃO COM OUTROS POLÍTICOS

CAPÍTULO 4.. 99
    POLÍTICA INTERNACIONAL
    RELAÇÕES INTERNACIONAIS
    REFLEXOS NA ECONOMIA NACIONAL

CAPÍTULO 5.. 143
ALIANÇAS POLÍTICAS
MINISTROS
PROBLEMAS DE AMÁLGAMA
INVESTIGAÇÕES
RECONHECIMENTO DA ATIVIDADE MILITAR

CAPÍTULO 6.. 161
ALUNOS
COMENTÁRIOS DE CIDADÃOS

CAPÍTULO 7.. 171
SURPRESA COM ALGUNS NÃO ELEITOS
MICHEL TEMER, O YOUTUBER
CONSTITUIÇÃO DE 1988

CAPÍTULO 8.. 185
O PRESIDENTE ELEITOR
REFORMA DA PREVIDÊNCIA
PERSPECTIVAS DE FUTURO

PÓSFACIO 201

Capítulo 1

INFÂNCIA
FACULDADE DE DIREITO E VIDA POLÍTICA
O IMPEDIMENTO
A PRESIDÊNCIA DA REPÚBLICA

Capítulo 1

INFÂNCIA
FACULDADE DE DIREITO E VIDA POLÍTICA
O IMPEDIMENTO
A PRESIDÊNCIA DA REPÚBLICA

Presidente, muito obrigado por conceder esta entrevista, que será, certamente, um marco histórico. Isto porque o Senhor se voltou para as reformas que o país precisa, sem se preocupar com a sua popularidade. O Brasil avançou, embora a sua impopularidade seja alta. Gostaria, portanto, de começar esta série de entrevistas focando aquele que foi seu primeiro sentimento, quando o senhor foi alçado à Presidência da República, graças ao *impeachment* da ex-Presidente Dilma. Qual foi o seu sentimento nesse momento?

Quero, preliminarmente, agradecer a oportunidade que estamos construindo, porque a minha intenção, a nossa intenção na verdade, consiste em elaborar, digamos assim, um documento para a História. Meu objetivo reside em revelar o que foram esses dois anos e oito meses. Houve dois sentimentos, confesso a você. Em primeiro lugar, eu era vice-Presidente e quando começou o processo de impedimento da senhora ex-Presidente, fui a São Paulo. Você sabe? Eu não fiquei em Brasília, porque muita gente começou a me procurar, visando a contatar aquele que seria muito provavelmente o Presidente da República. Fui a São Paulo, recolhi-me lá na minha casa, onde moro, no meu escritório, para evitar esse tipo de comentário. Contudo, na última semana, melhor dizendo, na semana que antecedeu a primeira votação dessa matéria, eu tive que vir a Brasília, porque começou a haver muito questionamento a respeito da minha ausência. E também ao governo de então, que criticava a minha posição, baseando-se, digamos assim, no suposto fato de que eu estaria eventualmente participando de uma tentativa de derrubada do governo. Pelo contrário, eu estava por fora disso.

Sim, algumas pessoas acusaram você, inclusive, de estar conspirando, não é?

É verdade, e vou dizer a você, vou contar aqui, fazendo um pequeno corte, um momento muito, muito contestador dessa hipótese, que foi exata e precisamente no instante em que o ex-Presidente da Câmara, o Deputado Eduardo Cunha, estando comigo na ocasião, me disse: olhe, eu não vou colocar em votação a questão do impedimento e vou arquivar todos estes pedidos de impedimento da senhora Presidente. Interessante! Naquele dia, logo à tarde, havia uma reunião de governadores com a senhora Presidente da República. Eu tinha sido chamado e, quando cheguei, vim à biblioteca, ela estava aqui e eu disse: a senhora se tranquilize porque o Presidente da Câmara acabou de me dizer que vai arquivar todos os pedidos de impedimento. E ela disse: olha, que coisa boa etc... Até chamou um Ministro e acrescentou: "veja aqui o que o Temer está dizendo, isso vai nos dar muita tranquilidade". E eu disse aquilo com muita franqueza, porque eu, sendo vice-Presidente, estava em uma situação profundamente incômoda, digamos assim, pois, sendo do PMDB, o meu partido e outros estariam postulando esta medida. Muito bem, no dia seguinte, o que aconteceu foi que o PT agrediu muito o Presidente da Câmara e, em face desta agressão, ele não teve outra alternativa. Diante da pressão que se fazia sobre ele, não teve outro caminho senão colocar em apreciação já um dos pedidos de impedimento que havia naquela ocasião e que tinha sólidos fundamentos que ele não tinha como ignorar. Fecho este corte para dizer que, na última semana, vim pra cá e naturalmente acompanhei os últimos momentos e não tive nem a possibilidade de contato com a senhora Presidente naquela ocasião. Eu, então, fiquei muito preocupado, porque é claro que presidir um País não é uma coisa fácil e a primeira sensação que tive foi um sentimento de grande responsabilidade. Você imagine conduzir os destinos do Brasil. Entretanto, quando ocorreu, ao final, aquele afastamento temporário – a primeira fase é a de um afastamento temporário –, para depois ser julgado o crime de responsabilidade pelo Senado Federal, fui tomar posse. Digamos assim uma posse precária, porque ainda era interino, mas verifiquei a presença enorme de todo o Congresso Nacional naquela posse que seria uma posse muito rápida e, ademais, o próprio aplauso de vários setores que, naquele momento, se opunham à continuação daquele governo.

Você teve o apoio da sociedade naquele momento!

Naquele momento, sem dúvida alguma, sem dúvida alguma! E daí claro o sentimento de responsabilidade me pesou muito, até acrescido do fato de, ao chegar ao Palácio do Planalto, logo no primeiro dia, verifiquei que não havia nenhum servidor lá do passado. Tratando-se de uma transição, servidores deveriam estar lá para auxiliar o novo governo, porém não havia nada disso. Muito pelo contrário, até, ao que me parece, apagaram as informações que havia nos computadores sobre o governo. Então, começamos, na verdade, do zero, o que desde logo colocou em mim uma preocupação mais acentuada- a propósito desses sentimentos que tive –, porque eu me disse: vou ter de construir tudo a partir de agora. Foi, assim, uma sensação de muita responsabilidade e de certa surpresa. Jamais poderia imaginar que chegaria a este cargo e cheguei por via do impedimento da outrora titular.

Diga-me uma coisa, o menino Michel Temer, alguma vez teve esse sonho? (risos).

Não, nunca (risos). Você sabe que – interessante –, por falar em menino, quero recordar uma coisa da minha infância. Eu morava numa cidade do interior, muito pequena, Tietê, e caminhava de 5 a 6 quilômetros para ir à escola todo dia, ida e volta. Havia dias que tinha aula de ginástica à tarde; então, eu ia de manhã, voltava meio-dia e meia, voltava às três/quatro horas da tarde e voltava novamente. Você vê que eu caminhava muito!

Acho que isso faz com que você tenha uma forma física muito boa até hoje! Deve ser a origem da infância (risos).

(risos) Mas você sabe que, às sextas-feiras, tinha o chamado seriado, pois naquela época não havia televisão. Havia rádio, ainda incipiente. E, à noite, muitas vezes eu voltava para ir ao cinema! Fazia um total de uns vinte quilômetros naquele dia, o que de fato muito me ajudou nessa formação física (risos). Interessante, porém, é que, na minha infância, numa cidade muito pequena, eu sempre imaginava, aliás, imaginava mesmo, vou dizer a você, imaginava ser escritor, não sei o porquê.

Essa era a ideia?

Essa era a ideia. Eu tinha uma professora de português, até faço aqui uma homenagem a ela, já falecida, Dona Sara Martins Bonilha. Ela me dizia: olha Michel, você faça uma narração de um fato qualquer. E eu narrava com um certo colorido. Então, ela me disse: você tem jeito, aqui não há livraria pra você comprar livro, mas vá à biblioteca municipal e pegue um livro lá.

Em Tietê não tinha livraria?

Não tinha livraria, porque era uma cidade de quinze/vinte mil habitantes na época. Tinha uma livraria que vendia livros escolares, só isso.

Material escolar?

Material escolar. Dizia: vá à biblioteca, pega José de Alencar, Machado de Assis, Joaquim Manuel de Macedo, pegue esses autores brasileiros e vá lendo. Então, eu ia – aliás devo a ela esse hábito da leitura –, pegava os livros, os devolvia duas semanas depois, pegava outro livro, e assim por diante. Foi uma infância, penso eu, uma infância muito rica nesse sentido, porque me preparou para o futuro. Mas quando você me pergunta: você já imaginou que pudesse chegar um dia a essa profissão? Resposta: jamais.

Vou até contar um episódio. Quando estava no grupo escolar, no primeiro grau, lembro-me de que foi visitar a cidade o vice-Governador, chamado Porfírio da Paz. Nós estávamos sentados no auditório e ele ficou no palco. Naquela ocasião, ele disse: espero que vocês um dia possam estar aqui neste palco como uma autoridade e, naquele momento, pensei: se um dia eu pudesse estar nesse palco... Foi a única coisa que eu pensei.

Mas você não conseguiu ser vice-Governador, você conseguiu ser Presidente da República (risos).

(risos) Mas foi assim, um breve histórico.

Senhor Presidente, qual foi a sua primeira leitura, digamos, na área política? O senhor deu exemplos de José de Alencar e Machado de Assis, e a sua formação política propriamente dita se fez através da leitura de que tipo de livro?

Foi mais no momento em que ingressei na Faculdade de Direito. Ingressei aos dezoito anos na Faculdade de Direito do Largo São Francisco e, logo no primeiro ano, havia uma divisão de cargos do Centro Acadêmico para as eleições internas. O cargo de presidente, por exemplo, só poderia disputá-lo quem estivesse no quarto ano e o cargo do calouro, do primeiro ano, era o de segundo tesoureiro e, logo, alguns colegas me lançaram candidato a segundo tesoureiro. Fui eleito segundo tesoureiro e comecei a me interessar fortemente pela política. Fui lendo tudo aquilo que me caía nas mãos, fui adquirindo conhecimento, lia os jornais. Naquela época, era muito comum você ir à faculdade carregando jornal; então, eu lia os jornais, lia os comentários políticos e comecei a me interessar pela carreira política tal como se fazia na faculdade, já que, no quarto ano, fui candidato à presidência do Centro Acadêmico XI de agosto. Estes foram os primeiros momentos, digamos assim, de um certo entusiasmo político. Veja você que, quando candidato a segundo tesoureiro, eu tinha 18 anos. Já candidato a presidente, podia entrar nas salas de aula, pedia licença pra falar, praticava um discurso, digamos político, que pretendia obter votos. Isto começou lá na faculdade de Direito.

Se o senhor me permitir um testemunho, gostaria de acrescentar que, numa janta na casa do então Chefe do Estado Maior do Exército, General Etchegoyen, hoje Ministro, estando também presente o Comandante do Exército, General Villasbôas, tivemos uma conversa política muito agradável. No final, chamou-me particularmente atenção que o General Etchegoyen, voltando de Moçambique naquela ocasião, disse que tinha trazido consigo um livro de um romancista muito importante desse país, Mia Couto. Acrescentou se você gostaria de lê-lo, ao que você respondeu: não, eu já li!

Eu li quase todos os livros do Mia Couto, é verdade.

Isto chamou-me particularmente a atenção. Não apenas a minha atenção, mas a dos dois amigos militares presentes. Também naquela ocasião, o senhor começou a conversar sobre livros, ressaltando o do Lira Neto, sobre Getúlio Vargas. Reconheço que até então não tinha lido o livro. Fiz o dever de casa na semana seguinte (risos). Você poderia comentar esse episódio, porque realmente é muito rico do ponto de vista da formação de um Presidente da República, tão aficionado às letras e à leitura?

Você sabe que naquela ocasião de fato eu já tinha lido quase todos os livros do Mia Couto, que se ampara muito numa espécie de realismo fantástico, uma coisa um pouco mágica, digamos assim. Quando eu o li, lembrei-me muito dos *Cem Anos de Solidão* do Garcia Marques, porque é todo o realismo mágico que se faz presente! E outros do mesmo tipo, até o Érico Veríssimo em um dos seus livros segue no mesmo caminho, a partir de coisas aparentemente simples como sentar-se numa praça, dando, então, sequência a todo um imaginário de outra natureza. Eu sempre fui aficionado pela leitura. Acho que a leitura é um exercício de pensamento que estabelece um critério de análise muito especial, porque quando você lê - no meu caso pelo menos é assim- você cinematografa as cenas. É diferente de você simplesmente receber a cena pronta, como ocorre na televisão, por exemplo. No livro, você cinematografa as cenas, primeiro ponto. Segundo ponto, ainda que você não tenha se dedicado profundamente ao exame da gramática portuguesa, o livro ajuda muito você a ter um aprendizado da língua e da linguagem. Ouvidos apurados para o português. Se há um equívoco qualquer no português de alguém que está falando, você logo detecta, porque você está acostumado com a leitura. Confesso que isto me ajudou muito e, até hoje, tudo o que me cair nas mãos eu leio. Quando dava aulas, eu dizia aos meus alunos da área do Direito: meus caros, vocês precisam ler, porque o advogado, o juiz, o promotor, enfim, todos os operadores da área jurídica, usam como instrumento de trabalho a palavra, a palavra escrita ou oral. É diferente do médico, do dentista, que têm outros instrumentos de trabalho. A palavra é fundamental, pois para fazer uma sentença é essencial saber manejar a palavra, elaborar uma frase que seja de fácil compreensão e, nisto, a literatura ajuda muito. Acho, mesmo, que consegui entusiasmar muitos estudantes das faculdades de Direito onde dei aula, introduzindo--os à prática da leitura, algo importantíssimo. Nunca abandonei esse hábito, que nasceu lá no meu primeiro/segundo ano ginasial, quando tinha onze/doze anos, com a professora Sara Martins Bonilha. Confesso que li os trabalhos todos de José de Alencar, Machado de Assis, Joaquim Manuel de Macedo, entre outros. Li poesias! Castro Alves, Álvares de Azevedo, Casimiro de Abreu, mas confesso que os livros lidos naquela época foram depois relidos. Com doze anos, você não consegue aprender tudo que está naqueles livros, mas foi um momento muito importante na minha vida.

Vamos voltar, agora, à cena do Michel Temer Presidente. No dia da votação do *impeachment*, o senhor estava no Palácio do Jaburu, naquele lugar que algumas pessoas, pejorativamente, vieram a denominar depois de "o porão do Jaburu". Você poderia um pouco descrever aquele momento e também esse cenário que foi tão mal utilizado posteriormente?

Foi maldade, não é?! Maldade absoluta de quem se refere a um local que é uma sala de reuniões. Foi no subsolo do Jaburu, numa sala onde eu já fiz inúmeras reuniões de Ministros, recebi pessoas, tendo ao lado uma sala de reuniões e outras dependências. Há também um pequeno cinema. Nesta grande sala, tem televisor, toda aparelhagem de som, tem dois quartos ao lado. É pura má-fé denominar tal local de porão. Foi uma tentativa nefasta para me desmoralizar: Você se lembra das insinuações maldosas: "Ele recebe subterraneamente, de maneira escondida"? Escondida num local com tantas dependências?

O senhor sabe que quando eu li aquilo do porão, conhecendo o local, fiquei estarrecido!

Você conhece.

O porão, pensei: mas o que é isso? Uma sala iluminada, com sofás, poltronas e uma grande tela de televisão? É pura maledicência!

É a maldade humana, infelizmente constitutiva da política. Mas, graças a Deus, você sabe que essas coisas acabam vindo à luz, a verdade terminando, sempre, por prevalecer. As pessoas que conhecem o local, só podem ficar indignadas! E são muitas! Podem, então dizer: até onde pode chegar a tentativa de desmoralizar a própria instituição da Presidência da República. Você sabe que lá no Jaburu tem um livro que descreve todas as obras de arte existentes no Palácio, inclusive aquelas que estão neste chamado, entre aspas, "porão", ou seja, obras de arte estão lá embaixo, inclusive mesas e cadeiras, em fino acabamento artístico.

Presidente, gostaria, agora, que o senhor nos falasse um pouco sobre qual foi seu pensamento a respeito do Brasil. Eu lhe perguntei um momento atrás sobre qual foi o seu sentimento. Como é que o Senhor pensou o Brasil?

Primeira coisa a dizer é o que aprendi com meus pais, imigrantes, que nasceram no Líbano, casaram-se lá, tiveram os três primeiros filhos neste país e, depois, vindo pra cá, tiveram mais cinco filhos, sendo eu o último. E o meu sentimento foi algo transmitido pelos meus pais, de grande admiração pelo país. O meu pai costumava dizer o seguinte: olha, o Brasil é um país onde se faz a América, tendo a expressão "fazer a América" a significação de desenvolvimento. Logo, quando meu pai chegou, comprou uma pequena chácara no interior de São Paulo e pôs os quatro primeiros filhos a trabalhar! Não tinha recursos para mandá-los para um curso superior. No que diz respeito aos quatro últimos, porém, ele os enviou para fazerem cursos universitários em São Paulo. Isto significou para ele "fazer a América", por ser o Brasil um país de oportunidades, onde as pessoas podem naturalmente crescer. Isto ficou gravado na minha cabeça! Quando, portanto, assumi a Presidência, veio-me logo à mente o quanto este país é maravilhoso, um país que demanda diálogo, que exige responsabilidade fiscal e social. Diálogo por quê? Primeiro ponto, porque nós vivemos desde 05 de outubro de 1988 numa democracia plena, numa democracia participativa, estabelecida no texto constitucional e que vem sendo praticada com muita tranquilidade. Segundo ponto, da própria Constituição, emerge a ideia da responsabilidade fiscal, tendo eu logo pensado: nós precisamos controlar os gastos públicos; pensei também, já com a equipe econômica formada, precisamos estabelecer o "teto dos gastos públicos". Uma ideia, na verdade, trivial, mas singela, que é a seguinte: você não pode gastar mais do que aquilo que você ganha. Na minha casa, se eu gastar mais do que ganho, daqui a 2, 3, 4, 5 meses, estarei em uma situação de desastre econômico. O país também segue o modelo da nossa casa. Se você gasta mais do que arrecada, você acaba criando problemas para o país. Então, a primeira coisa que pensamos, foi: precisamos controlar os gastos públicos. A segunda, isto ajudará o Brasil a desenvolver-se naturalmente. Ao longo de nossa conversa, vou lhe mostrar outras tantas reformas que fizemos. Aí revelarei com mais detalhes o que pensamos logo nos primeiros dias de governo.

O senhor assume a Presidência do Brasil em um momento extremamente delicado. A presidente Dilma tinha perdido o cargo não apenas legalmente, mas também tinha perdido a legitimidade, como resultado das grandes manifestações de rua. O senhor enfrentou um desafio enorme e este desafio se traduziu pelo fato de o senhor ter de fazer reformas face a um país com PIB negativo, desemprego crescente tomando conta de grande parte da população, beirando 12 milhões e quinhentos mil de desempregados. Uma enormidade! O senhor foi obrigado a tomar medidas duras que são, quase por definição, impopulares. O senhor teve de enfrentar o presente olhando para o futuro. Restava-lhe, porém, outra opção: enfrentar o presente olhando apenas para esse, o que teria lhe angariado popularidade!

Olhe, vou dizer a você, eu até costumo fazer uma diferença entre popularidade e populismo. Acho que muitas vezes, no Brasil, as pessoas pensam que chegando ao poder devem praticar medidas populistas; ou seja, eu faço uma coisa hoje, embora cause um prejuízo amanhã, mas não tem importância, pois ganho prestígio, ganho popularidade a partir da medida populista. Eu não considerei a ideia de tomar medidas populistas. Por que eu abandonei esta ideia e não permiti o populismo? Porque nós havíamos, quando eu era vice-Presidente e presidente do PMDB, lançado um documento da Fundação Ulysses Guimarães chamado "Ponte para o futuro". Lá traçávamos, em nome do partido, aquilo que nós entendíamos ser importante para o nosso país. Interessante até, registro um fato: quando nós lançamos este documento, o fizemos para colaborar com o governo do qual participava, mas não sei por qual razão aquilo foi tido como um documento oposicionista. Não era, pois se tratava de uma colaboração precisamente com o governo. Logo, eu já cheguei ao governo com um programa coincidentemente preestabelecido, que era a "Ponte para o futuro", e quem olhar, hoje, para este documento, vai verificar que, ao longo do tempo, nós acabamos aplicando todos os preceitos e os programas aí estabelecidos. Então, já tinha, digamos assim, uma diretriz, e a diretriz não era nada populista, ela seria popular na medida em que visa a toda a população.

Veja. Reduzimos os índices inflacionários, da mesma maneira que fizemos com os juros, que estavam em torno de 14,25% e caíram para 6,5%; quer dizer, os efeitos da aplicação do nosso programa se revelaram logo, o desemprego também começa a cair quando é combatido com medidas responsáveis, que estamos chamando de populares, porque são diferentes de populistas. Medidas populares vão produzir efeitos positivos amanhã e não imediatamente. O desemprego no meu governo reverteu a sua curva ascendente e começa a cair. Você veja, vou dar um dado. Quando em 2015, no final do ano, o CAGED (Cadastro Geral de Empregados e Desempregados),[1] que é o órgão do Ministério de Trabalho,[2] que examina o desemprego, registrou um desemprego de menos 1 milhão, quinhentos e poucos mil, no ano seguinte, 2016, 1 milhão, trezentos e poucos mil, neste último ano, agora em dezembro de 2017, foram menos 20 mil, você percebe?! Caiu de 1 milhão, trezentos e cinquenta mil pra vinte mil, ou seja, houve emprego no nosso País. Agora, a renda é preocupante para o desemprego? Não tenha a menor dúvida, pois nós vamos continuar a combater o desemprego! Não tenha a menor dúvida – veja que, neste momento, nós estamos falando com vistas a mais no mínimo 6 meses de governo –, então nós vamos continuar a combater o desemprego. O desemprego vai desaparecer imediatamente? Não, mas se continuarmos com todas estas reformas que fizemos, com as medidas econômicas e sociais que tomamos, o próximo governo poderá reduzir sensivelmente o desemprego no País. Então, a minha sensação exatamente, quando nós assumimos, foi essa, sem embargo, devo registrar, de uma grande oposição. Faço aqui mais um corte. Você sabe que aqui no Brasil, é curioso, quando você cumpre a Constituição, você é criticado. Por que digo isso? Porque "se o Presidente cair, assume o vice-Presidente". Se você disser, lá nos Estados Unidos, se você disser para alguém lá, para alguma autoridade, para alguém do povo: "olhe, se o Presidente cair e o vice assumir, é golpe", o sujeito vai ficar vermelho, corado, porque eles têm um apreço extraordinário às

---

1. O CAGED foi substituído pelo eSocial, por meio de determinações da Portaria nº 1.127/2019 do Ministério da Economia/Secretaria Especial de Previdência e Trabalho.

2. O Ministério do Trabalho foi extinto no governo Bolsonaro, sendo convertido em Secretaria do Ministério da Economia (Medida Provisória nº 870/2019).

instituições. Aqui no Brasil, também está escrito na Constituição: "se o Presidente cair, o vice assume".

No entanto, o senhor foi tratado de golpista.

Golpista... O tempo todo. É um movimento político, mas é curioso, pois mostra como temos pouco apreço pela institucionalidade, ou seja, por aquilo que a Constituição determina; este movimento político que não é um movimento jurídico constitucional. Ele é politicamente arquitetado pela repetição constante da ladainha: foi golpe, foi golpe, foi golpe! E as pessoas "cacarejam" isso numa velocidade extraordinária, que acaba parecendo que foi golpe mesmo... Parece que eu (risos) me reuni com umas pessoas e disse assim: vamos tirar essa Presidente daí ou vamos chamar os militares para ajudar a tirá-la. Não houve nada disso, houve um processo legal e eu silenciei como disse logo no início da nossa conversa e, interessante, não só silenciei como contei o episódio do ex-Presidente da Câmara. E eu estava dizendo que nós estávamos trabalhando pela manutenção do que havia, ou seja, da figura da então Presidente da República. Mas aqui é assim, você tem o cumprimento da Constituição e passa a ser chamado de golpista. Até confesso, o seu primeiro objetivo foi tentar paralisar o governo e eu pergunto: conseguiu paralisar o governo? Absolutamente não. Nós continuamos a trabalhar! Naquele momento, nós tínhamos pouco mais de dois anos, não um governo de oito anos ou de quatro anos, com todas essas dificuldades, com essa oposição, digamos feroz, que se fez ao nosso governo. Mas nós seguimos adiante, até por uma razão singela, eu compreendo a oposição. A oposição no Brasil não é uma oposição jurídica, porém é uma oposição política; tem um governo que não é o meu, sou contra. Eu penso diferente, tanto que neste nosso governo os programas dos governos anteriores que deram certo tiveram continuidade.

Senhor Presidente, tendo sido testemunha, naquela semana, ao fazer uma visita ao senhor, numa segunda-feira, chamou-me muito a atenção que o senhor tenha me dito o se-

guinte: a Dilma vai continuar, tá tudo certo! Reitero, numa segunda-feira! E aí desenvolvemos a conversa como se nada de novo tivesse acontecido. Qual não foi minha surpresa quando fui lhe visitar na quarta e o senhor me disse: o Eduardo acaba de sair daqui, ele vai iniciar o processo de *impeachment* da ex-Presidente Dilma. O senhor estava muito surpreso. Eu posso ser testemunha ocular disso. Eu não vi contentamento no seu rosto e tampouco vi uma previsão daquilo que iria acontecer imediatamente. O senhor foi pego de surpresa.

Eu achei que realmente seria um drama como foi um drama institucional. Uma pequena ressalva: ele me disse, em um primeiro momento, que não haveria um impedimento. E eu até transmiti a informação à senhora Presidente naquela ocasião. No dia seguinte, que foi precisamente quando nós estivemos juntos, ele me disse: olha, eu vou propor, porque a pressão é muito grande e o PT disse isto e aquilo ao meu respeito etc. Não vou mais suportar isso.

Voltando um pouco ao PMDB. O senhor conseguiu um feito historicamente notável em relação ao partido, na medida em que o seu partido sempre se caracterizou por ser muito fragmentado em lideranças regionais; cada "cacique", (por assim dizer, se o senhor me permitir) mandando no seu domínio. E o senhor conseguiu conduzir, unificar o PMDB, hoje MDB. Gostaria que o senhor comentasse um pouco como foi possível esse seu trabalho de conciliação dentro do partido e ser alçado à posição de Presidente da República, conduzindo um ousado processo de reforma em uma agremiação que nunca se caracterizou pela união. Historicamente, o que o partido fez, por exemplo, com o ex-deputado Ulysses Guimarães foi uma prova de que pode abandonar os seus líderes, inclusive os mais importantes. Isto não aconteceu com o senhor.

É verdade! Aliás, esse episódio do Dr. Ulysses aconteceu em 1989 na eleição para a Presidência da República. O Dr. Ulysses foi um homem que ajudou a reconstruir o país com a Constituinte de 1987/88, porém não teve o reconhecimento popular e até concordo com você que não teve o reconhecimento do partido. O partido o abandonou, tendo tido apenas 4,7% de votos, uma coisa mais ou menos assim, o que era ínfimo para aquela figura verdadeiramente exponencial. Entretanto, eu sempre tive, interessante, sempre tive a ideia da conciliação, a ideia de que você não pode achar que o que você pensa está certo e o que o outro pensa está errado. No chamado maniqueísmo, só eu estou certo, o outro está sempre errado e eu aprendi isto muito cedo.

Sabe, voltando um pouco à minha infância, meu irmão era muito religioso. Quando eu tinha 7 anos de idade, ele me levou à missa, pela primeira vez, depois de ter feito a primeira comunhão e, nos vitrais da igreja, constavam as virtudes e uma delas me chamou particularmente a atenção: a que se chamava temperança. Eu vi aquela palavra e não entendi bem o que era, mas fui olhar no dicionário. Vi que era tempero, equilíbrio e moderação e, hoje, tenho a impressão de que aquilo pautou um pouco a minha vida, porque, ao longo do tempo, fosse na universidade ou na política universitária e, depois, mais tarde na vida política, especialmente agora na vida pública, ela sempre pautou a minha conduta. Tendo presidido a Câmara dos Deputados 3 vezes, tido 6 mandatos de Deputado Federal, eu sempre tive a ideia da conciliação, da harmonia, e esta ideia da conciliação me permitiu que fosse durante 15 anos presidente do PMDB. Toda vez que eu queria sair, dizia para mim mesmo: agora, eu não vou mais disputar. Então, os colegas do PMDB vinham e falavam: Temer, você tem que continuar, porque se você não for o presidente, vão surgir 8, 10 candidaturas, rachando definitivamente o partido. E foi por isso que, ao longo do tempo, com alguns licenciamentos, eu presidi o PMDB a partir deste valor da temperança, compreendendo o outro. Você disse muito bem, o PMDB tem muitas divisões internas, mas o que eu fazia? Eu juntava estas divisões internas em torno de projetos únicos e isto deu certo! Se você me perguntar: isto deve continuar agora? Eu digo: confesso que não, porque as coisas vão evoluindo com o tempo e é preciso que o partido seja aquilo que a própria palavra diz; quando você fala de partido político, trata-se de uma expressão que vem de parte, parcela, e político vem de Polis, que é cidade. O que é um partido político? É uma parcela da opinião pública que pensa de uma determinada maneira e estabelece um programa para administrar a Polis, quer dizer, para administrar a União, o Estado, o Município. Isto é partido político. Eu pergunto: quando é que nós tivemos partido político no País? Com toda franqueza, penso que hoje temos siglas partidárias que não correspondem ao conceito de partido!

Mas, hoje, estão até tirando a palavra "partido" de "partido" (risos)

É uma desnecessidade. Mas, veja bem, quando houve o regime mais centralizador, havia dois partidos, o MDB, que era contra o *status quo*, e a Arena, que era a favor do *status quo*. Então, quando você optava por um partido, você fazia parte de uma parcela da opinião pública: aquilo era um partido político. Agora, quando foi atomizada a ideia de partido, 5, 6, 10, 12, hoje 30 e tantos partidos políticos, está claro que a ideia de parcela da opinião pública caiu por terra; então, eu penso que o fato de, digamos, saber conciliar, saber temperar as coisas, permitiu-me que mantivesse esta presidência durante tanto tempo e, chegando ao governo, não só trouxesse o MDB, como os demais partidos. Eu disse: minha gente, nós temos de governar o país e governar juntos por meio do diálogo. Diálogo entre quem? Entre o Executivo e Legislativo, porque quando você despreza o Legislativo, o ato de governar torna-se muito mais difícil. Ao longo do tempo, o Legislativo sempre foi considerado como uma espécie de apêndice do Poder Executivo, e digo isto com uma certa autoridade por ter presidido, com disse, 3 vezes a Câmara dos Deputados. Transformei, no governo, o Legislativo em um parceiro do Poder Executivo e, graças a isto, conseguimos fazer o que fizemos.

Logo voltaremos à questão da parceria. Façamos um parêntese. Como é que o senhor ingressou no PMDB? Quem foi seu mentor?

Foi o seguinte: em 1964, logo que saí da faculdade, abandonei a chamada vida pública, pois fui cuidar da minha advocacia, fui cuidar do meu doutoramento na PUC, voltado para direito constitucional, para as questões universitárias. Prestei concurso para Procurador do Estado, fui aprovado, e tomei posse na nova função. Dediquei-me a questões mais profissionais. Contudo, em 1982, alguém me disse: você poderia se candidatar a deputado estadual, sendo necessário você se filiar a um partido. Respondi: se eu me filiar a um partido, vou me filiar ao PMDB, e fiz assim a minha filiação, mas sem um objetivo preciso de ser candidato. Veio, então, 1982, quando da eleição para o governo de Estado de São Paulo. Já dava aulas na PUC como professor de Direito Constitucional e, também, dava aulas lá um professor e Senador: Franco Montoro. Nós dávamos aula em um único dia e sempre que chegava à faculdade, ele era muito carinhoso comigo, até me dava muita atenção, o que me deixava orgulhoso. Tornou-se candidato a governador e eu o ajudei modestamente na sua campanha. Havia uma casa, onde se reuniam os pensadores do Franco Montoro, que era a Casa Madre Teodora; a Madre Teodora era uma rua, lá de São Paulo, e, muitas vezes, nos reuníamos lá. Quando foi eleito, ele me chamou para ser Procurador-Geral do Estado, tendo assim ingressado na administração pública. Eu já era Procurador do Estado por ter sido nomeado em 1970. Comecei, então, a pensar politicamente, até porque, 8/9 meses depois, após a passagem de dois eminentes Secretários pela pasta da Segurança Pública, o governador me chamou, por telefone, e disse: olhe Temer, saiu o segundo secretário, você vai ser o Secretário da Segurança Pública. Aí, digamos, eu comecei a participar da vida pública.

Abrindo um parêntese aqui, se o senhor me permite: você teria ficado em dúvida em aceitar ou não a Secretaria de Segurança Pública (risos)... Considero este episódio bastante interessante, sendo capaz de interessar evidentemente a todos os brasileiros.

Você sabe que quando o governador me chamou, ele disse assim: Ó Temer (eu era Procurador-Geral do Estado), eu estou aqui com o Covas (que era Prefeito de São Paulo), o Fernando Henrique (que era presidente do PMDB de São Paulo) e José Carlos Dias (Secretário da Justiça), nós escolhemos você para ser o terceiro Secretário de Segurança. Eu até disse, me assustei, porque eu nunca advoguei na área Penal, não tinha o menor contato com a segurança pública: mas governador, eu não advogo na área Penal... E ele disse: mas você pode. É que eu preciso unir a Polícia Militar com a Polícia Civil e você tem jeito para a conversa etc.; você precisa ir lá para fazer isso. E eu disse: posso ser franco? Eu não sei nem onde é a Secretaria de Segurança Pública (risos). Ao que ele replicou: você passa na casa do José Carlos Dias (então Secretário de Justiça) que ele vai lhe dizer onde fica. Eu disse: bom, ele quer me nomear de qualquer maneira. E foi assim que ele me nomeou Secretário de Segurança Pública. Mas você está se referindo ao episódio da primeira semana.

É este episódio que eu gostaria do relato (risos).

Na primeira semana, ao assumir a Secretaria, confesso a você que cheguei lá e disse: Meu Deus, o que é que eu vim fazer aqui?! Eu não entendo nada disso, não tenho ideia do que seja, e eu estava lá na minha área jurídica, como Procurador-Geral do Estado, em uma situação confortável. Vou certamente me atrapalhar aqui! E uma das primeiras atrapalhações, foi num dia em que houve uma solenidade da Polícia Militar, tendo eu que passar em revista a tropa. Eu nunca tinha participado dessas coisas, passei em revista, mas não parei diante da bandeira nacional, imagine você, e o comandante, que era o Coronel Viana, chegou bem perto do meu ouvido e disse: secretário, quando o senhor passar em frente à bandeira, tem de fazer uma reverência! Fiquei quase convencido: nunca vou conseguir levar isso adiante! Pois muito bem, quando chegou o final de semana – eu estava lá há uma semana –, eu me disse: acho que vou procurar o Governador na segunda-feira e lhe dizer que não vou continuar, pois será um desastre para mim e para o governo, e isto sendo o terceiro Secretário de Segurança em 8/9 meses. Mas interessante, você veja a mão de Deus, eu estava assistindo a um programa de entrevista do Gianfrancesco Guarnieri, que era um artista, tendo sido nomeado Secretário de Cultura, quando o entrevistador pergunta para ele: ó Guarnieri, vem cá, como é que funciona na sua cabeça de artista essa coisa... Você que é despojado, sem nenhuma solenidade, artista, agora terno e gravata, excelência, um lugar na mesa... Como é que funciona isso na sua cabeça? Ele respondeu, mas disse como se estivesse olhando pra mim: olha aqui, a vida é também uma representação, você precisa representar bem o papel que a vida te entrega. Você sabe que eu ouvi aquilo e falei: poxa vida, a vida me entregou um papel de Secretário de Segurança, vou exercer bem este papel. Na segunda-feira, chamei o Comandante da Polícia Militar, o Delegado-Geral e comecei a exercer o papel que a vida me entregou (risos). E a partir daí fiquei lá quase 3 anos, quando, então, o Montoro me chamou um dia e me disse: olhe, você, professor de Direito Constitucional, vem aí a Constituinte e você poderia se candidatar à Assembleia Constituinte como Deputado Federal. E foi o primeiro momento em que me candidatei, tendo sido eleito! (risos).

Vamos agora a uma outra representação, a sua representação enquanto Presidente da República, um outro papel que o senhor teve de encarar, por assim dizer. Como é que o senhor conseguiu, nesse país tão fragmentado, com tanta oposição, levar adiante o seu governo. Como é que o senhor conseguiu montar o Ministério baseado na colaboração de vários partidos? O senhor exerceu de novo aqui a virtude da temperança, não apenas internamente no PMDB, mas também externamente. Isto colocou uma dificuldade suplementar muito maior, tendo em vista que nos governos anteriores, governos Dilma, sobretudo, Lula e Fernando Henrique, a formação de maiorias para governar o País era muito mais fácil, com menos partidos e maior interlocução. O senhor, ao contrário, encontrou-se com uma situação partidária de múltipla pulverização e com muitos interlocutores. Como é que o senhor pensou este desafio?

Primeiro parti do seguinte conceito: precisaria ter o apoio do Congresso Nacional e para ter apoio dele, teria de ter apoio não só do PMDB, mas também, dos partidos que, na verdade, trabalharam para que se modificasse o sistema de natureza presidencial. Foi, então, o que fiz. Chamei os partidos logo que as coisas aconteceram e disse: vocês me indiquem nomes que eu vou examiná-los para verificar se os aprovo ou não. Pretendo formar uma espécie de quase semipresidencialismo.

O senhor sempre utilizou muito esta expressão nos últimos anos. Seria, agora, um momento para o senhor explicitar melhor essa sua ideia.

Sim, mas concluamos esta primeira parte. Chamei os partidos, que me indicaram nomes, compus a equipe econômica a partir das sugestões do Ministro Meirelles, que foram sendo aprovados. Faço um parêntese. As pessoas imaginam que esta história de derrubar a inflação e os juros é algo que cai do céu, uma espécie de ato da natureza, como se essa por mecanismos próprios fosse capaz de resolver estas questões. Não! É um ato político, de governo. Quando escolhi o Ministro da Fazenda[3] e aprovei os nomes que me foram submetidos, de toda a área econômica, inclusive do Banco Central, então tomei uma decisão que ditou os rumos do meu governo. Tive também a sorte de escolher, por exemplo, um jovem Ministro de Minas e Energia, o Fernando Coelho Filho, que fez um trabalho maravilhoso, tendo apenas 32/33 anos, de dedicação estupenda. Assim, as coisas se passaram. Tive, de um lado, modestamente, uma certa competência para unificar, primeiro, um partido e, depois, de outro lado, um governo congressual, composto de vários partidos. Eis por que falo sempre em semipresidencialismo, que, neste particular, como você está perguntando, seria uma forma muito útil para o nosso país, porque, veja, toda vez que você tem um impedimento, pois não foram poucas vezes que houve a renúncia ou o impedimento em nosso país, você tem um drama

---

3. A estrutura do Ministério da Fazenda, atualmente, integra o Ministério da Economia (Medida Provisória nº 870/2019).

institucional. Embora previsto na nossa Constituição, toda vez que você substitui o presidente por um vice-presidente, você tem um drama de natureza institucional, o que não ocorreria em um tipo de semipresidencialismo, estilo francês ou português, em que o Presidente da República tendo também muito campo de ação, por exemplo, enquanto Comandante em Chefe das Forças Armadas e responsável da Diplomacia, não se ocupa dos assuntos correntes do governo, a cargo do Primeiro Ministro. Desta maneira, o Poder Legislativo torna-se um partícipe direto da administração pública, sendo também responsável das decisões conjuntamente tomadas. Devo ainda acrescentar que pratiquei um pouco disto, de acordo com os padrões constitucionais vigentes. Acho, portanto, que meu governo poderá servir de exemplo para que, no futuro, se estabeleça uma fórmula de governo que inclua Executivo e Legislativo em um trabalho conjunto de governo.

Agora, o que nós observamos também, no caso brasileiro, é que os partidos políticos, devido a vários escândalos, estão muito enfraquecidos. Ademais, o sistema partidário não ajuda no trabalho conjunto de governar por favorecer a fragmentação, abrindo espaço também para a corrupção. A opinião pública tem uma reação à palavra partido, fazendo com que o senhor, de certa maneira, tenha ficado preso a um impasse. De um lado, o senhor teve de governar com esse Congresso, com esses Deputados, com esses Senadores, que, muitas vezes, estavam desprestigiados junto à opinião pública, tendo o senhor, então, pagado o preço da baixa popularidade. De outro lado, o senhor fez uma coisa inaudita, tento utilizado estes parlamentares, no melhor sentido da palavra, para transformar o País, cumprindo uma ousada agenda reformista. O senhor terminou enfrentando uma espécie de paradoxo: fez o novo com os instrumentos da velha política.

É verdade. Realmente.

Porque a agenda é nova, agora a forma de negociação talvez não o fosse.

O que ocorreu foi o seguinte: você tem de trabalhar com aquilo que você tem. Eu respeito muito a representação popular, porque, afinal, é o povo que vai às urnas e elege um Presidente da República, os Deputados e os Senadores. Nós temos que prestar obediência à representação popular.

Soberania popular.

Soberania popular. Aliás, eu costumo dizer que o Poder não é nosso, eu tenho um poder que é um Poder constituído, ou seja, eu sou o Presidente da República porque o povo elegeu o Presidente e o vice, eu sou constituído pela vontade popular e pela Constituição, assim como os Deputados e os Senadores. O poder originário continua sendo o povo, que exerce a sua liberdade de escolha, decidindo-se por esta representação. E se o povo quer essa representação, não há outra solução, diz você. Ocorre, porém, que, ao longo do tempo, o sistema partidário fragmentou-se demais, configurando uma forma institucional de representação que conduz a um modo de semipresidencialismo. Diria, então, que a tendência atual será a de redução do número de partidos políticos, porque reconheço que não é fácil governar quando você tem praticamente 20 ou 22 partidos na base governista, tendo de conversar com 22 líderes. Sou obrigado, então, a conversar com os líderes, com o Presidente da Câmara e do Senado (que muito têm me auxiliado) e praticamente com todos os parlamentares.

Muitas vezes, o senhor me relatou estes fatos e eu mesmo observei que o senhor falava com a liderança de um partido e, também, com as lideranças regionais desse mesmo partido.

Sou obrigado a conversar até com as lideranças individuais, Deputados e Senadores, visto que eu também fui do Parlamento durante 24 anos, de modo que os parlamentares me tomam muito como uma espécie de colega, de companheiro. Muitas vezes, eles vão ao Gabinete, por exemplo, sem nenhuma agenda e daí a

Chefe de Gabinete me comunica que o deputado fulano e o senador fulano estão aí. Eu digo: pede para esperar um pouco que os atendo, e atendo, tanto que eu trabalho, na verdade, das oito à meia noite quase que diariamente. Mas foi isto que me permitiu fazer aquilo que você chamou de um governo reformista, tendo, assim, conseguido fazer a modernização trabalhista! Como é que eu consegui fazer a reforma do ensino médio? Como é que eu consegui recuperar a economia, baixando a inflação e os juros? Como estou conseguindo enfrentar a questão fiscal? Precisamente desta maneira, dialogando, atendendo e conversando!

E o lado, digamos, da colaboração parlamentar e partidária que seguia padrões não republicanos?

Gostaria de aproveitar a ocasião para abordar precisamente este problema. Normalmente, tanto partidos quanto parlamentares recebiam doações de empresas. Ocorre, porém, que devemos fazer aqui uma distinção entre o caixa dois e a questão das propinas. No caso do caixa dois, havia contribuições por fora, a critério do doador ou do beneficiário. Muitas vezes, o doador não quer aparecer. Questão de natureza diferente é a das propinas, por envolver corrupção e desvio de recursos públicos. Eis uma questão da maior relevância que está sendo tratada devidamente pelo Poder Judiciário, devendo esse, evidentemente, trabalhar em paz. Agora, não podemos ter permanentemente uma espécie de consciência de que o país estaria sendo destruído por causa disto. Pelo contrário, devemos ter a consciência de que o país está sendo, precisamente, construído por causa disto, nos termos mesmos da Constituição Federal. O que, porém, acontece muitas vezes, sou obrigado a dizer, é que há um desbordamento dos limites constitucionais, algo que é, então, realmente preocupante. A questão jurídica, digamos assim, deixou de ser jurídica para ser: "vamos saber quem ganha. Eu quero derrotar, quero ter um troféu. Eu quero botar a cabeça de fulano de tal na parede. Eu sou um caçador". Isto é muito ruim para o país. E eu procurei equilibrar este estado de coisas. Dito isto, acho interessante que tenha sido eliminada a possibilidade de contribuições de pessoas jurídicas, favorecendo uma outra configuração do sistema partidário.

Bom, nós estamos vivendo, de uma certa maneira, uma crise da representação, isto é, a população não se sente representada pelos parlamentares, muitas vezes não se sente representada pelo seu Prefeito, seu Governador ou seu Presidente. O senhor suscitou um problema muito importante que tem sido, por assim dizer, escamoteado na discussão política atual, assim como na questão penal, ao fazer a distinção entre caixa dois, propina e doação empresarial, o que era legal até pouco tempo atrás. Hoje, contudo, está tomando conta da opinião pública a ideia de que toda relação da política com o dinheiro é promíscua, embora fosse legal. E nós estamos vivendo uma espécie de caça às bruxas, inclusive com delações que valem apenas pela voz, enquanto outras são delações muito bem justificadas, comprovadas, munidas de provas. É produzida uma espécie de indistinção que, em nada, favorece a Justiça. No momento em que se apaga a distinção entre propina, caixa dois e doação empresarial, terminamos também prejudicando ainda mais a renovação da representação política.

Eu não tenho dúvida disto, seu raciocínio está corretíssimo, até por uma razão singela: nós acabamos de dizer que, num passado muito próximo, você podia contribuir para os partidos políticos e para os parlamentares. O que acontece hoje? Estão incriminando e criminalizando as próprias contribuições oficiais, porque fazem investigações baseadas apenas em delações. Faço aqui um corte. A delação é somente o início de prova, ela não é a prova definitiva, e hoje as delações estão sendo tomadas como se fossem provas definitivas. Até digo eu, quase condenatórias, porque o sujeito delata primeiro tendo um incentivo a fazê-lo, no seguinte sentido. Se você delatar, se você disser isto ou aquilo etc., pode ser que você se saia bem, aliás, que você se saia bem não, você sairá certamente bem! Você não será, por exemplo, processado criminalmente. Há fatos muito recentes que indicam algo gravíssimo, a saber, a pessoa vai e negocia com quem vai receber a delação. O delator é um criminoso que, ao delatar terceiros, recebe uma espécie de absolvição. Isenta-se de seu ato delituoso. Quem a recebe diz: olha, você não vai ter nada, agora aqueles que foram delatados estão perdidos pelo resto da vida. Veja bem, é como se estivessem doravante condenados. Tudo logo tornado público, como se o julgamento já tivesse sido feito! E aquilo se torna uma "prova" definitiva, quando o foco deveria ter sido eminentemente jurídico, e não político. Reitero: a delação é apenas o início de prova, aí você precisa comprovar aquilo que foi dito. Ocorre, porém, vamos dizer, que aquele que recebe a delação coloque como exigência que o delator, se quiser se livrar da prisão, traga um "peixe grande", com o perdão da expressão. O sujeito que está sendo detido, para se livrar então da prisão, começa a dizer as coisas mais variadas, sem nenhum compromisso com a verdade. Eu tenho experiência nessa área por ter sido advogado e procurador. Isto, realmente, é muito ruim. Volto a dizer, as contribuições empresariais eram oficiais, foram tidas como forma de contribuir legalmente, mesmo se aquela empresa ou quem for estivesse recebendo um benefício. Ora, você sabe que, no pagamento, temos aqui um certo preconceito, mas a história do representante parlamentar faz parte do jogo político, e não apenas no Brasil. Há os que representam o setor da indústria, o do comércio, o da agricultura, o dos sindicatos, o dos trabalhadores, todos buscando uma representação no Parlamento. Há, também, os lobistas, que agem em função de tal ou qual setor ou empresa. Ocorre, assim, uma espécie de mistura destas várias tendências, em um processo que deve ser compreendido e analisado. Tudo deve ser ponderado para que não caiamos em juízos apressados. O que for da esfera do Judiciário deverá, então, ser tratado enquanto tal. Devemos separar o joio do trigo.

Nesse meio tempo, porém, a imagem deste político foi comprometida. Poderíamos, neste sentido, dizer que o Brasil está vivendo uma situação de anormalidade, na medida

em que o juízo político vem a ser considerado enquanto definitivo, e isto antes do juízo propriamente penal. Consideremos o seu próprio caso: a sua imagem foi duramente atingida e não há, contudo, provas contra o senhor. Qual seria o seu comentário?

Olha, é difícil falar de um caso pessoal não, é?! Mas eu lamento dizer, lamento muitíssimo dizer que, no meu caso, eu recebo, acho que você é testemunha disto, eu recebo pessoas das oito da manhã até a meia noite, recebo no Palácio do Planalto, recebo aqui no Alvorada, recebo no Palácio Jaburu, recebo em São Paulo.

Eu faço parte dos fora-agendas (risos).

Fora-agendas. Você é um dos fora-agendas, exatamente. E vou dizer, você e milhares... (risos).

Claro. Brincadeira individual.

Acabo de dizer a você que marco 5/6 audiências e a minha Chefe de Gabinete vem me dizer: "tá aí fulano". Ele não tinha colocado na agenda, porém eu o recebo. Como recebo no Jaburu, interessante, eu recebi centenas de pessoas no Jaburu, umas as 10/11 horas da noite, até que recebi um cidadão que pediu para ser recebido rapidamente, aliás como tantos outros. Eu iria recebê-lo no Planalto, mas por questões de agenda lotada, terminei por recebê-lo mais tarde no Jaburu. Ele veio, então, com uma conversa, essas conversas de gente que, enfim, conta vantagem em tudo, dizendo uma porção de coisas etc. Entre outras, falando genericamente, que estava tentando obter isso e aquilo, diferentemente do que se noticiou, sem ser muito preciso – Aliás, faço aqui um corte, era um empresário que garantia 150 mil empregos no país, um dos maiores produtores de proteína animal do mundo. Eu o recebi, assim como o fiz com tantos outros empresários que fazem a riqueza do país. Também muitas vezes tarde da noite e fora do expediente normal, seja no Planalto, seja no Jaburu, onde quer que fosse. Vem ele, então, com a seguinte conversa: eu falo com fulano, não consigo uma coisa lá na Petrobras, uma coisa no BNDES, outra coisa no CADE, outra não sei onde, enfim, toda fala dele era negativa, dizendo o seguinte: eu não consigo essas coisas. E eu dizia: olha, vai vendo aí, você é um grande empresário, você vai trabalhando nisso etc. O pior, porém – e é isto que eu quero registrar –, é que, em um dado momento, aparentemente sem conexão com o que vinha falando, ele me disse que estava de bem – uma expressão até adequada, correta, literal, foi essa: estou de bem com o ex-Presidente da Câmara. E eu disse: tem que manter isso. A minha expressão foi essa. Qual é a frase que foi, então, construída em um noticiário maledicente, estarrecedor? Uma frase que não existe no diálogo! A frase que construíram foi a de que estaria dando indiretamente dinheiro a fulano de tal com o objetivo de manter o seu silêncio. Assim, eu teria dito: mantenha isso. Esta frase é falsa, não existe na gravação. E sobre não existir na gravação, foi, inclusive, atestado por dirigentes dos meios de comunicação, especialmente por aquele que "noticiou" pela primeira vez. Eles me disseram pessoalmente, literalmente: olhe, nós só divulgamos o que recebemos sob a forma de uma mensagem, sem que tivéssemos ouvido o áudio. E o recebemos de uma figura eminente dos Procuradores da República. Eis por que acabamos dando o furo. E isto ouvi deste dirigente, ouvi do diretor de redação e ouvi do próprio jornalista que deu o furo, interessante, uma coisa curiosa isso. Que não tenham publicamente se retratado é um problema moral deles, diria mesmo de ética profissional.

Digo isto por se tratar de uma questão da História de nosso país, pois, aqui, estamos elaborando um documento histórico. Quero esclarecer muito bem isso para que não fique a percepção de que teria impropriamente passado dinheiro para alguém condenado. Em consequência, naquele então, formou-se uma cadeia de "notícias", de *fake news*, um jornal, um meio de comunicação, repercutindo a notícia falsa do outro. Alguns tiveram, felizmente, a decência de reconhecerem o erro. Outros, infelizmente, não. Relato tudo isto por ser este livro um documento para a História, não sendo apenas para hoje. A História não pode albergar, não pode agasalhar mentiras, falsidades, que foram patrocinadas, plantadas, insistidas, aliás, mesmo após eu ter denunciado estes fatos. Vieram, então, as versões das *fake news*. Começaram, então, a relatar o seguinte: não mais diziam que eu havia dito para manter o pagamento, mas haveria uma frase anterior, tirada de outro contexto, dizendo isto. Veja, você, que indignidade fizeram comigo, na verdade, foi uma tentativa de destruição moral, melhor me expressando, de destruição do governo, tanto que se pensava que 3, 4 dias após aquela malfadada gravação eu iria renunciar. Não renunciei, estamos aqui um ano e dois meses depois conversando e você está falando com o Presidente da República.

Estando diante de um documento histórico, talvez seja a ocasião de você dar os nomes destes protagonistas e como isto lhe foi transmitido.

Eu não preciso dar os nomes, viu! Com muita franqueza, porque eram pessoas que tinham comigo a melhor relação, aliás interessante, quando me falaram a propósito do tal encontro: "o senhor recebeu fora de agenda, às dez e meia da noite", retruquei: quantas vezes nós jantamos juntos sem agenda, às dez horas ou às dez e meia da noite? Responderam: é, tem razão, é verdade. Na realidade, nem tudo você consegue colocar na agenda, aliás, no meu caso, seja no plano pessoal, seja no parlamentar, quando eu era Presidente da Câmara dos Deputados, as pessoas entravam em minha sala sem pedir licença, os colegas, parlamentares, Deputados, e eu tenho esse hábito; a pessoa liga para mim e digo: venha cá, venha conversar. Quando solicitam um encontro, respondo: pode vir. Está na agenda ou não está na agenda, não importa. Hoje em dia, ocorre o seguinte: tenho informantes em meu Gabinete de uma repórter, que se você entrar aqui, por exemplo, 5 minutos depois ela já dá a notícia: o Denis Rosenfield esteve com o Presidente da República!

(risos) De fato, isto já me aconteceu várias vezes!

E eles dizem isso como se fosse uma coisa criminosa, receber alguém acidentalmente, ou conversar com alguém, isto é muito ruim, para a História do Brasil é péssimo, quer dizer, você não está obrigado a dizer: bom, eu não recebo fulano, porque não está na agenda! Eu recebo todo mundo, não é?! Foi isso que aconteceu, mas eu prefiro não dar nomes, porque acho que seria pouco digno da minha parte e eu não quero ter a indignidade que outros tiveram comigo.

Voltando ainda ao mesmo ponto, em relação à repercussão deste episódio. Apesar desta indignidade, desta coleção de falsas informações e falsas notícias, a sua imagem ficou vinculada ao falso e não ao verdadeiro.

É verdade, mas você sabe que, logo no início, quando alguns pregavam minha renúncia, eu fui a público, cinco dias depois desse episódio, e disse: eu não vou renunciar não, não insistam nisso, porque se eu renunciar, eu me autodeclaro culpado e isto eu não vou admitir; eu vou provar o contrário. Aliás, acrescentei: o que se faz neste momento são ilações, a ilação de que eu recebi alguém, subterraneamente, no tal porão ao qual estávamos nos referindo, e, portanto, o gesto altamente criminoso etc. etc. etc. Eu não vou aceitar este procedimento, até porque, de ilação em ilação, eu poderia fazer uma ilação relativamente a um Procurador da República, cujo nome já está estampado nos jornais denunciado que foi agora, vinculando-o a outro Procurador de nível hierárquico superior.

Denunciado.

A propósito do denunciado pela Procuradoria-Geral da República, de ilação em ilação, eu poderia fazer a seguinte: este Procurador, não quero o nome, mas todos vocês sabem quem é, seria sócio – porque ele foi para um escritório de advocacia enquanto Procurador da República, ganhando até 700 mil reais –, dos que o contrataram para me prejudicar. Não serei, porém, tão irresponsável quanto eles. O que aconteceu, Denis, foi denunciado por mim na época, quase um ano depois, tendo como resultado a queda desta pessoa. Ademais, registro o fato de que um outro Procurador da República, que foi preso, e, também um advogado, não foram ouvidos e isto após setenta dias. Por que este Procurador não foi ouvido? Porque se fosse ouvido, diria a verdade. O que teria a revelar? Logo que saiu da prisão, ele deu uma entrevista e disse: olha, o ex-Procurador-Geral, cujo nome vou declinar novamente, pretendia derrubar o Presidente da República. Eis a razão de suas ações. De mesma maneira, o advogado, que também ficou preso por 70 dias, sem ser ouvido, um caso ímpar, quando saiu, declarou o seguinte: olha, era porque ele queria derrubar o Presidente da República. Interessante, aquele rapaz que foi me gravar lá, indecente, não é? Nem tinha autorização judicial para isso, foi lá no Jaburu para me gravar, você vê que gesto indigno? Uma coisa mais terrível do que isso. Ele, numa gravação posterior, acidental, que teve conversando com outro colaborador seu e um advogado, ele disse barbaridades: olhe, fulano queria a cabeça do Presidente (fulano era um Procurador da República). E o sujeito que me gravou disse: e nós demos a cabeça dele. Quer dizer, veja, daí foi para o Procurador-Geral e esse foi obrigado a pedir a prisão deles e até a anulação da delação. Você veja como a história do delator é perigosa, pois ele pode mentir. Tanto mentiu, tanto falseou, não sendo crível que o que foi dito possa ainda ser considerado como prova, não é? Foi um a delação falsa, feita com o propósito de obter benefícios maravilhosos, com os da improcessabilidade e a possibilidade de sair do país, dentre outros.

Aquela cena deles saindo de avião particular do país...

Pois é.

Isso deixou qualquer cidadão de bem indignado.

Fico extremamente constrangido em narrar estes fatos, mas eu não estou narrando estes fatos para os dias de hoje, assim os faço, volto a dizer, para a História. Sem ser pretensioso, porque, num dado momento, os historiadores irão analisar os vários Presidentes que passaram pelo país e, então, irão analisar o meu período presidencial.

Não posso evidentemente carregar esta pecha de um sujeito que seria delituoso por força de um outro, esse, sim, cometendo delitos. E veja como a delação é uma coisa perigosa, não é? O delator... me permita! Delator foi Joaquim Silvério dos Reis, foi Judas, não é? Esses foram delatores. Não estou mal comparando, pois os maledicentes irão dizer que estaria me comparando com Jesus Cristo. Francamente, não é isso. Nem me comparando a Tiradentes. Eu sou um cidadão comum. Presido a República, mas sou uma pessoa que sente os mesmos efeitos históricos dos exemplos que estou dando. O delator é um sujeito que quer se ver livre. Que quer ganhar algum dinheiro. Não é? Você deveria, assim, eliminar o fenômeno da delação? Não! A delação é importante, mas com critérios absolutamente jurídicos, constitucionais. Ou seja, eu tenho indícios de prova, vou investigar estas provas para verificar se elas são verdadeiras ou não. Não estou falando no futuro, mas no presente que revelou que as delações tinham outro objetivo, não o verbalizado.

Pode-se, então, dizer que delação foi uma delação que não seguiu os trâmites, propriamente legais, sendo essencialmente política.

Lamentavelmente as coisas são feitas desta maneira hoje. E também para livrar o sujeito. Se diz: oh, se você fizer isso, você pode... – naturalmente, são negociações – ... ir sossegadamente para (*sic*) outro país. Você pode ficar rico ou continuar rico. Não é? Eu quero ver onde pegam a minha riqueza, não é verdade? Entretanto, o sujeito que delata é rico ou continuará rico lá fora. Desfruta da vida e ponto final. Ah, está bom. Vou lá, vou "botar" um gravadorzinho vagabundo aqui no meu bolso e irei gravar o Presidente da República, entendeu? Estou sendo grosseiro até, mas esta é a verdade.

Nós estamos aqui tendo como objetivo a verdade. Precisamente.

Isto.

FIM DO 1º DIA

Solenidade das Forças Armadas.

Capítulo 2

REFORMAS PRESIDENCIAIS
O PROFESSOR, O POETA E FUTURO ROMANCISTA

Capítulo 2
REFORMAS PRESIDENCIAIS
O PROFESSOR, O POETA E FUTURO ROMANCISTA

Presidente, obrigado novamente por essa série de entrevistas. Eu gostaria que hoje nós começássemos por um ponto que foi levemente tocado na nossa última reunião e que diz respeito à agenda reformista que o senhor levou a cabo. Se fosse possível, gostaria que o Senhor discorresse um pouco mais sobre cada um dos pontos, porque normalmente quando se pensa em reforma, se pensa numa única reforma. Não, o senhor foi um presidente reformista que levou a cabo um conjunto de reformas, conjunto esse que transformou completamente o Brasil, por mais que ele tenha produzido pouca validade no curto prazo, o que nos interessa é o longo prazo, o que nos interessa é a História. O senhor certamente será reconhecido por isso e eu gostaria que o senhor começasse pela Reforma Trabalhista, nos falando acerca dos bastidores, das dificuldades, do imposto sindical e essa grande transformação que muda a Consolidação das Leis do Trabalho.

Você veja, Denis. Que essa nossa conversa está dando oportunidade de revelar o que nós fizemos pelo país nesses dois anos e pouco de governo, mas especialmente o fato de tratar-se de um governo que fez Reformas e muitas e muitas vezes eu digo que não basta coragem para fazer reformas, é preciso ousadia e nós tivemos ousadia. Sobre termos ousadia, você sabe que, na verdade, nós nos pautamos, nós nos conduzimos, por um documento que o meu partido havia elaborado, com a nossa colaboração, chamado *Ponte para o Futuro* e lá nos falamos das reformas. Uma das reformas, realmente esta que você mencionou, a Reforma Trabalhista.

O documento feito pela Fundação Ulysses Guimarães, não é?

Fundação Ulysses Guimarães, sob o comando do Moreira Franco, do Padilha. Você sabe que, interessante, na vida há fatos curiosos e quando eu cheguei à Presidência da República eu me lembrei muito da questão trabalhista e olha que a questão trabalhista é inaugurada em 1943 com a Consolidação das Leis do Trabalho, com algumas modificações. Mas eu me recordei quando eu cheguei a Presidente da República de um período que eu fui advogado do Sindicato dos Empregados, Vendedores e Viajantes no Estado de São Paulo. Foi, aliás, praticamente o meu primeiro emprego... (pausa)

Talvez nós podemos dizer que o senhor é o primeiro presidente advogado trabalhista do país? (risos)

Talvez. Acho que sim (risos). Você sabe que o primeiro emprego que eu tive, na verdade, foi como oficial de gabinete do professor Ataliba Nogueira, que foi secretário de educação, mas logo em seguida, quando deixamos a secretaria, eu fui chamado, fui convidado para ser advogado desse sindicato. E lá eu advoguei muito na área trabalhista. Tanto que depois, ao sair do sindicato porque eu prestei concurso para Procurador do Estado, e prestei por um regime de liberdade para advogar, então não sendo advocacia contra o Estado a que eu pertencia, eu poderia advogar e quando eu saí do sindicato, curiosamente, as pessoas que me procuravam no sindicato para acompanhar os seus processos, para consultas, foram me procurar no escritório. Então eu advoguei muito na área trabalhista. E eu advoguei precisamente numa área de transição legislativa, porque nós tínhamos a chamada estabilidade, ou seja, aquele que atingia 10 anos de trabalho não poderia ser demitido, a não ser em função de um inquérito administrativo que fosse aberto por falta grave, alguma coisa dessa natureza, ou a pedido do empregado numa chamada rescisão indireta do contrato de trabalho. Mas eu peguei exatamente num período em que se estabeleceu a mudança da estabilidade para o Fundo de Garantia por Tempo de Serviço, portanto houve uma grande modificação trabalhista naquele momento, quase uma modernização, eu diria. Pois, muito bem, quando eu cheguei à Presidência da República, eu disse, interessante, eu preciso atualizar a legislação trabalhista. Eu já tinha essa vivência, essa experiência anterior e, realmente, nós conseguimos levar adiante a reforma trabalhista. Mas por que meio? Usando, em primeiro lugar, o diálogo. Você sabe que o Ministro foi o Ronaldo Nogueira.

Que fez um belo trabalho.

Que fez um belo trabalho! Ele percorreu as federações de indústria, de serviços, centrais sindicais e sindicatos, fez várias reuniões ao longo de praticamente mais de 6 meses e naturalmente ia trazendo não só os resultados mas, muitas vezes, os próprios agentes das federações, das centrais sindicais para conversar conosco; e eu dizia sempre: olha aqui, minha gente, nós temos que fazer uma modernização da legislação trabalhista mas, mediante diálogo, mediante acordo. E foi isso que nós fizemos. Você sabe que no dia em que mandamos o projeto à Câmara dos Deputados, nós tivemos, mais ou menos, de 6 a 8 oradores da área de empregadores e 6 ou 8 da área dos empregados. Depois, evidentemente, foi para o Congresso que fez suas modificações. Mas nós conseguimos fazer a adequação, a modernização trabalhista ao lado, naturalmente, da chamada terceirização. Você sabe que há muito tempo se pleiteava a história da terceirização, porque era uma forma de contratação de trabalho que não tinha respaldo, não tinha uma regulamentação legal completa. Isso trazia embaraços tanto para o empregador quanto para o empregado e dúvidas e essas dúvidas, naturalmente, agitavam a justiça do trabalho em face do número imenso de ações trabalhistas não só referente à terceirização, mas nas relações de trabalho em geral. A terceirização foi algo também conectado à chamada reforma trabalhista que há muito tempo se pleiteava e nós conseguimos, nós conseguimos realizar. Interessante, até eu registro um fato, de vez em quando as pessoas ligam para mim e dizem: mas, olha, o Temer, vem cá, isso aí modificará as leis anteriores que davam direito aos trabalhadores; e eu digo: meu caro, vamos olhar a Constituição Federal, o artigo 7º da Constituição Federal. Lá estão elencados, arrolados, todos os direitos trabalhistas. E a Constituição é a lei máxima, portanto, nenhum direito trabalhista será modificado, portanto, digo eu, nós modernizamos a legislação trabalhista sem agredir direito de trabalhadores e, com isso, também, digamos assim, estabilizamos as relações sociais entre empregado e empregador.

Agora se você me permitir apenas para explicitar melhor para os telespectadores ou para os leitores do livro, o seguinte o ponto central: nenhum direito foi suprimido. As pessoas não distinguem "direito" da "aplicação de um direito". Se a pergunta for feita da seguinte maneira: qual direito foi suprimido? Décimo Terceiro? Fundo de Garantia? Licença-paternidade? Licença-maternidade? Nada foi extinto. Agora é perfeitamente plausível que um trabalhador ou uma trabalhadora decida gozar as férias não em uma vez ou em duas, mas em três ou quatro períodos: 15 dias; 10 dias; 5 dias. E as centrais sindicais se aproveitaram digamos ideologicamente, algumas delas, nesse ponto, para dizer que houve supressão de direitos, o que não houve. Até estou explicitando um pouco para que fique mais claro isso para os telespectadores.

Você fez uma achega extraordinária para minha fala, porque realmente não houve uma modificação sequer, ao contrário, houve na verdade a consolidação desses direitos. E, portanto, o desfrute deles com maior regularidade, porque, convenhamos ou não, de vez em quando se diz: ah, mas o desemprego não diminuiu. É claro que nós, veja bem, nós pegamos o país, eu já disse isso no passado, com uma recessão extraordinária e desta restrição, apenas relembro, vou repetir o que já disse numa das nossas entrevistas, nós pegamos o país com menos 3,6% do PIB e logo no primeiro ano fomos a 1% do PIB. Saímos do negativo, -3,6%, e fomos para o positivo, +1%. Então nesse período todo houve contratação. Retomaram-se as contratações. Nós estamos aqui no mês de julho, mais ou menos 380, 390 mil carteira assinadas, fora a parte um número imenso de novos postos de trabalho, ou seja, trabalho informal e trabalho de quem montou uma pequena atividade, portanto a economia deu mostras de crescimento, não é? Eu até digo que neste momento, nós estamos no período eleitoral, nós estamos com alguns problemas de natureza internacional que repercutem no Brasil e por isso alguma outra dificuldade. Mas isso não significa que a economia irá retroceder; retroceder significaria chegar a um PIB de -3,6%. Isso não vai acontecer, ao contrário, o PIB será positivo.

Eu gostaria ainda de... se nós pudéssemos permanecer mais um momento sobre a reforma trabalhista, porque, na minha perspectiva: não houve nenhum direito a menos, porém houve muita liberdade a mais. O trabalhador pode escolher se o tempo de almoço é uma hora ou se é meia hora e ele vai para casa mais cedo. Quer dizer, essa ideia de dar mais liberdade aos empreendedores e mais liberdade aos trabalhadores e menos tutela estatal, que era o que tinha regido a Consolidação das Leis do Trabalho é absolutamente Central.

Corretíssimo. Você sabe que por isso que nós não chamamos de reforma, nós chamamos de modernização da legislação trabalhista, ou seja, nós trouxemos o sistema trabalhista para o século XXI, o qual exige essa elasticidade nas relações laborais.

Home office.

Hein?

Home office. **A pessoa pode trabalhar em casa.**

Claro. Pode trabalhar em casa. O seu escritório em casa, *Home Office*, não é verdade?! Isso tudo é da modernidade. Uma coisa que nós não podemos negar que nós adotamos a chamada Modernização Trabalhista, de modo que nós fizemos um grande avanço. Ninguém poderá negar esse avanço. Aliás não está sendo negado não. É especialmente com essa liberdade de opção que você acabou de apontar.

Porque nós vivíamos num sistema muito engessado, não é? Atividade-fim e atividade-meio, do ponto de vista da produção de um produto.

Isso tudo ficou superado.

Isso tudo ficou superado. O tênis que a pessoa usa... O desenho é de um lugar, o material, a borracha, de outro, o tecido, de um terceiro, o marketing, de um quarto, o local de montagem, do quinto. Esse é o mundo moderno. A Embraer1...ela importa também motores, né? Para compor seus aviões; é uma empresa símbolo nacional, apenas para que isso seja melhor explicitado, do ponto de vista daqueles que não sabem que o mundo mudou completamente e que nós não podemos ficar reféns dessas formas do passado, que o senhor muito bem colocou e que colocam o Brasil num diapasão da modernização.

Eu acho que era isso que nós precisávamos. E foi o que nós fizemos. Agora, interessante, eu quero registrar mais uma vez que este era um desejo já, digamos assim, antigo...há muito tempo se falava nisso, mas não se fazia. Nós fizemos.

---

1. Em janeiro de 2020, o Conselho Administrativo de Defesa Econômica (CADE) aprovou a compra de parte da Embraer pela Boeing. Sugere-se ao leitor pesquisar acerca da Pandemia da COVID-19, da qual se prevê, como consequência, a crise nas fabricantes de aviões.

Perfeito. Presidente, o senhor poderia falar também agora sobre o teto dos gastos públicos. As pessoas normalmente têm, assim, um desconhecimento: Não, nós queremos derrubar o teto. Isso é o equivalente a, na economia familiar, cada um só pode gastar o que ganha.

Seria como você dizer assim: olha aqui, eu ganho 5 mil reais na minha casa, mas eu quero gastar 10 mil. Entendeu? É uma coisa tão trivial para explicar o teto de gastos que é isto: você não pode gastar mais do que aquilo que você ganha. Ora, em se tratando do Estado, você não pode gastar mais do que aquilo que você arrecada. Agora eu pergunto a você e pergunto a todos: nós podemos fazer isso em um ano? Absolutamente Impossível. 2 anos? Impossível. Porque, na verdade, a História está ligada ao chamado *deficit* público. Você veja que quando assumimos o governo, nós indicamos um *deficit* de 179 bilhões de reais, que vem decrescendo. Foi para 159 bilhões, para 139 bilhões. E na chamada emenda constitucional que fixou o teto dos gastos públicos, significa você só pode gastar aquilo que arrecada, isso leva, no mínimo, 10 anos, tanto que você examina a emenda constitucional[2] que fixou esse teto, você verá que esse teto pode ser modificado, revisado, daqui a 10 anos, porque supõe-se que daqui a 10 anos aquilo que você ganhar – se você ganha 5 mil, vai gastar 5 mil, não é? Aquilo que você arrecada vai empatar com aquilo que você gasta. Daqui a dez anos. Embora a previsão seja de 20 anos. Ou seja, nós não pensamos, viu, o Denis, numa medida populista, nós pensamos numa medida real, tecnicamente correta, que poderia gerar e poderá gerar, – para o Brasil, 10 anos também não é tanta coisa assim – pode gerar o equilíbrio definitivo das nossas contas públicas.

Tem país que pensa muito mais a longo prazo. Mas também chama muito atenção na reforma do teto dos gastos públicos o apoio expressivo que o senhor teve na Câmara dos Deputados e depois do Senado. O senhor poderia, um pouco,

---

2. Refere-se à Emenda Constitucional nº 95/2016.

explicitar isso porque, eu insisto nesse ponto porque hoje todo mundo quer revogar o teto dos gastos públicos como se isso fosse o mal. Não, isso é um bem. Mas o senhor teve um apoio expressivo da Câmara dos Deputados.

E você sabe que eu presidi a Câmara dos Deputados três vezes e eu penso que a votação que nós obtivemos da Câmara dos Deputados e depois do Senado Federal foi uma votação recorde. O Congresso foi capaz de compreender as dificuldades do país e a proposta que nós fizemos de modo que resultou em votação muito significativa que, convenhamos, deu muita força, muita expressão, muita significação para o nosso governo. Logo, logo no início, logo de saída, isso foi logo nos dois primeiros, três primeiros meses quando fixamos o teto dos gastos públicos. Este número significativo, até digo a você, se manteve ao longo do tempo, porque nós estabelecemos um diálogo muito fértil com o Congresso Nacional. Diálogo significa conversar com os dirigentes do Congresso, com os líderes e até, convenhamos, com Deputados e Senadores. Você sabe que eu tendo sido, durante seis mandatos, Deputado Federal e três vezes Presidente da Câmara, os Deputados e Senadores, de alguma maneira, tinham acesso livre ao meu gabinete; eles, muitas vezes, iam lá sem marcar agenda e eu, naturalmente, atendia, o nosso trabalho vai das 8 horas até a meia-noite, não é? Então eu atendi a todos e isso, naturalmente, ajudou muito em todos os momentos. Você sabe que mesmo agora, de vez em quando, eu vejo notícia dizendo assim: Ah, agora o Temer... O governo perdeu qualquer apoio do Congresso Nacional. Ora, basta... Nós estamos hoje no dia 10, 11 de julho... Basta verificar o que aconteceu de 20 dias para cá: nós aprovamos coisas importantíssimas na Câmara e no Senado Federal, portanto, o apoio continuou o mesmo, fruto, mais uma vez, desse diálogo que nós inauguramos e levamos adiante no Poder Executivo Federal.

Se me permite, também voltando a esse ponto, o senhor é muito criticado por liberação de emendas, por exemplo, para contemplar os Deputados nas negociações. Alguns

maldosamente falam disso como se fosse um ato ilegal. Eles não se dão conta de que o senhor está seguindo a lei, porque hoje as emendas são impositivas e essas emendas impositivas foram aprovadas na época do governo Dilma. Portanto, o senhor está seguindo a lei, a única coisa que o senhor pode é, diferir, antecipar, retardar. É o *timing* que muda. Isso mostra a imensa capacidade de negociação do governo que, mesmo com emendas impositivas, soube convencer os Deputados.

Você sabe que, na verdade você disse bem, as emendas são impositivas, portanto, tem que ser pagas e é o que nós estamos fazendo. Mas ademais disso, você sabe que há muitos projetos de Estados, de Municípios, veiculados por meio de Deputados. Então muitas vezes para prover esses projetos, para cumprir esses projetos há necessidade de verba Federal e essas verbas federais vêm muitas vezes por postulações de Deputados e Senadores e nós atendemos. Nós atendemos a muitas populações além das emendas impositivas. E sempre que se critica isso eu digo: interessante, quando você vai fazer uma ponte entre o Município tal e o Município qual você está gerando emprego; você está gerando prosperidade. Quando você vai fazer, que seja uma quadra esportiva no Município, pleiteada por um parlamentar, você está dando emprego, você está movimentando a economia nacional. Então, nós fizemos muito isso e olha, aos fazermos muito isso, nós nos mantivemos dentro do teto de gastos públicos. Agora sabe o que acontece, essa coisa da crítica, nós temos que compreender, né? Os que querem desvalorizar o governo, isso não é só no meu governo, lamentavelmente, é em todos os governos; foi assim, sempre há uma tendência para desvalorizar o governo não é? E daí as críticas infundadas como acabou de dizer aqui.

O senhor é, muitas vezes, injustamente criticado por ter orientado o governo em uma política fiscal e está mostrando muito bem que política fiscal significa arrumar a casa; arrumar a casa para dar mais emprego, para mais investimento,

para mais desenvolvimento, mas se esquecem também de que o senhor fez muitas coisas do ponto de vista estritamente social. Eu gostaria de pegar aqui dois exemplos: o Fundo de Garantia e o uso de aviões da FAB para transplantes. O senhor poderia explicitar cada um desses dois pontos.

Fundo de garantia por tempo de serviço (FGTS). Havia as chamadas contas inativas, contas que não eram movimentadas. Quem desfrutava dessas contas inativas, do rendimento das contas inativas? O Estado, o poder público. Ora, uma coisa injusta com os trabalhadores porque na verdade essas contas inativas pertencem aos trabalhadores. Então, desde logo eu disse: nós vamos liberar as contas inativas do fundo de garantia. E quando se fala nisso, era um valor precioso, era cerca de 45 bilhões de reais que foram sacados por cerca de 25 a 26 milhões de trabalhadores.

Ou seja, foram 25 ou 26 milhões de famílias que foram beneficiadas.

Claro. O que, olha, ajudou na verdade não só a movimentar a economia, mas especialmente, interessante, ajudou a movimentar o varejo, porque o varejo cresceu precisamente nesse período da liberação das contas inativas do fundo de garantia. Como, mais recentemente, nós também liberamos, estamos liberando, o PIS/PASEP daqueles com contratos até 1968, se não me engano agora. São pessoas que recebiam, tinham o PIS ou PASEP – PIS, dos trabalhadores da iniciativa privada e PASEP, daqueles funcionários públicos – que tinham um depósito mensal e lá estão, paralisados, portanto, não sendo desfrutados pelos seus reais titulares. Nós liberamos; e liberamos para todas as idades. Ou seja, no primeiro momento, a lei estabelecia que só aqueles que tinham, acho, que 65 anos para homens e 60 para mulheres é que poderiam sacar o PIS PASEP. Nós liberamos para toda e qualquer idade, porque são valores depositados até 1968 e isso vai mobilizar mais vários bilhões para a economia brasileira e naturalmente auxiliar muitos daqueles que têm essas contas. E você tocou no outro ponto que, interessante, tem uma significação social extraordinária. Um dia eu leio, no jornal, que havia órgãos, coração, rins, fígado etc., que mereciam ser transplantados, mas que vinham por avião comercial, então, muitas vezes, chegavam ao local já deteriorados.

Em decomposição.

Não poderiam mais ser utilizados e não havia avião da FAB para isso. É porque eu fiz... eu fiz um gesto singelo: por decreto, determinei que um avião da FAB ficaria permanentemente à disposição dos chamamentos referentes ao transporte de órgãos. Aquilo que, digamos assim, vamos dizer, no ano dava 35 transplantes, no ano subsequente deu mais de 400, 500 transplantes, portanto, 400, 500 vidas salvas naquele período. É um significado social... (pausa)

Mas como é que ocorreu essa ideia?

Eu fui provocado por uma matéria que saiu no Jornal dizendo da, digamos, perda de órgãos para transplante, porque não havia transporte oficial. E eu, no dia seguinte, expedi um decreto dizendo vamos manter um avião da FAB só para isso. E até hoje é assim, o avião da FAB está inteiramente, digamos, voltado para essa atividade.

Apenas um parêntese: me chama muito a atenção que o senhor é um leitor ávido de jornais. Normalmente os presidentes leem *clippings*; o senhor, como já pude observar em várias ocasiões, o senhor lê.

Eu gosto do jornal.

O senhor lê. Então isso é um hábito que eu acho extremamente salutar para um Presidente da República: ler jornais, portanto, estar informado também pela leitura direta e não apenas por assessores, Ministros. Não estou fazendo

nenhum juízo, por melhores que sejam. De onde veio esse seu hábito da leitura?

Pelo seguinte, por uma constatação efetiva: quando você lê o *clipping*, você lê uma coisa montada em páginas, digamos, por uma assessoria. O jornal não. Se a notícia estiver na primeira página, tem um significado, a foto que está no jornal, onde está a foto, onde está a notícia, é uma coisa importante para você ter o quadro geral da notícia. Se a notícia está lá, sei lá, na décima segunda página, tem uma significação; se estiver na terceira página, tem outra significação. Então eu aprecio é ler, efetivamente, os jornais. E faço uma coisa, Denis, interessante, eu ouço histórias de que muitos Presidentes do tipo "eu não leio jornal" ou "só leio à noite". Eu não. Eu leio de manhã, leio logo de manhã. É claro que... (pausa)

Aliás, eu sou testemunha, porque às vezes você me comenta logo de manhã.

Pois é, não é verdade?! Então, por que eu faço? Eu preciso ter o quadro, como é que as coisas estão sendo vistas, verdadeiras ou não, que se não verdadeiras, o que eu faço é mandar responder, não é? É mandar esclarecer, porque acho que aí é uma via de duas mãos: a imprensa livre tem que noticiar o fato, tem compromisso com o fato, mas com que fato ela tem compromisso? Com o fato verdadeiro. Então, muitas vezes, se há um equívoco, qual é a solução? A solução é consertar o equívoco. Eu devo dizer que toda vez que há uma notícia equivocada nós mandamos lá uma comunicação e imediatamente o jornal noticia. Isso fazemos em jornal, rádio, televisão. Para quê? Para bem informar. Porque informação não é um direito do empresário de comunicação, a informação é um direito do informado, do cidadão, então para ser bem informado ele precisa ter todos os dados. Daí porque eu leio, volto a dizer a você, eu leio o jornal, os jornais, acho que todos de manhã. De fora, a parte do acompanhamento que eu faço nos intervalos de audiências, de reuniões, por meio da internet, porque hoje a notícia também, muitas vezes, a notícia de manhã ela já está velha. (pausa)

Não é mais possível ler um jornal à noite.

Claro, claro.

Entre a manhã e à noite há a perda de atualidade da notícia. Mas ainda sobre a questão da liberação do Fundo de Garantia: como lhe veio a ideia?

Pelo seguinte: eu vivo conversando com a área econômica sobre meios de nós incentivarmos a economia nacional e um dia, acho que foi o Ministro Diogo, do Planejamento,[3] que mencionou essas contas inativas. E eu disse: Digo, levanta isso para mim, nós vamos liberar essas contas. E ele levantou. Falou... Até chamou uma figura extraordinária da construção civil que é o José Carlos, o José Carlos é presidente da Cebic (Câmara Brasileira da Indústria da Construção). Nós chamamos o José Carlos, conversamos com ele se isto iria prejudicar a construção civil, chegamos à conclusão de que não haveria prejuízo nenhum e daí liberamos. Interessante, o gesto parece pequeno, mas de grande significação. Isso me faz recordar até, viu, o Denis?, o outro gesto que eu tomei quando eu fui secretário da Segurança Pública em São Paulo pela primeira vez. Eu vou contar o episódio para você e para todos. Eu, um dia, recebi uma comissão de mulheres que falavam dos, digamos, do mau atendimento das delegacias de polícia: a mulher que apanhava do companheiro, do marido, ou que tinha uma violência de qualquer natureza da mais variada ordem, não precisa mencionar aqui, e na delegacia ela era atendida por homens, né?, por delegado, escrivão, investigador etc., e o tratamento não é o mesmo que uma mulher daria. Quando me contaram eu disse, interessante... por que que eu não crio uma delegacia com uma delegada mulher, 5 ou 6 escrivãs mulheres, 15/20 investigadores

---

3. Ministério integrado ao Ministério da Economia no governo Bolsonaro, por meio da Medida Provisória nº 870/2019.

mulheres para atender a mulher? E, a partir daí, até na época eu fui conversar com o governador Montoro, levei um decreto criando essa forma de delegacia, eu até chamei de delegacia de defesa da mulher. E aquilo foi uma ideia singelíssima, não custou nada, zero do orçamento do Estado, não é? E nós inauguramos com grande pompa uma primeira delegacia, se não me engano foi no bairro da Mooca, em São Paulo, e logo proliferaram as delegacias de mulheres tanto na capital como no interior e, tempos depois, estou falando de 85/86, logo depois, eu fui obrigado a voltar à secretaria de segurança, fui secretário da segurança novamente em 93/94, depois daquele episódio do Carandiru e quando cheguei, lá havia centenas de delegacias da mulher espalhadas por todo o território brasileiro. Você veja que é uma ideia singelíssima.

Sim, bem singela.

E deu resultado, só para conectar com o exemplo que estamos dando.

E a reforma do ensino médio?

Ah, foi. Eu acho que foi uma coisa…. Eu tenho muito orgulho dela. Muito orgulho. Porque o Ministro era Mendonça Filho e ele me disse um dia: nós precisamos fazer a reforma do ensino médio. Eu tinha sido presidente da Câmara dos Deputados pela primeira vez em 1997 e naquela oportunidade já se falava em reforma do ensino médio. Passou-se o período de 20 anos e o que se falava do Ensino Médio, do Ensino Fundamental? O aluno não sabe escrever, não conhece História, não sabe multiplicar, não sabe dividir etc. etc. etc. Pois muito bem, vamos fazer essa reforma. Como é que fazemos? Ah, nós estamos pegando os vários trechos de várias leis que já foram propostas e estamos construindo um texto normativo. Daí dissemos: o, Mendonça, vamos fazer isso por Medida Provisória pelo seguinte: se nós mandamos um projeto de lei, isso naturalmente vai levar muito tempo, se eu tenho um projeto de lei de 20 anos atrás que ainda não foi votado, não é? Pelas várias divergências, vamos logo implantar - porque na Medida Provisória, o texto normativo entre em vigor imediatamente - vamos implantar a reforma, deixar que se a discuta por 120/150/180 dias, não é?, que é mais ou menos ou prazo. São 120, mas você tem recesso, etc. não é?, a 150 dias, e vamos editá-la definitivamente e foi o que foi feito. Interessante, até eu registro, que ela também modernizou o ensino médio, não é? Ela ainda está em implantação e eu me recordo que houve até movimentos contra, não é?

É uma das áreas mais ideologizadas, onde a discussão técnica, a discussão acadêmica, perde para política e perde para ideologia.

Pois é. E houve, por causa disso mesmo, até ocupação de escolas etc. E ela foi implantada, converteu-se em lei e convertida em lei , um dos últimos atos que o Mendonça Filho praticou foi trazer o pessoal da área de educação de todos os Estados, todos os secretários, e eu penso que cerca de 95% de todo o país, por meio de suas secretarias de educação, estavam aprovando a reforma do Ensino médio. Eu tenho, eu confesso a você, eu tenho muito orgulho dessa reforma até porque, interessante, eu não sei se eu contei, na outra conversa nossa, mas no meu tempo, quando eu estudava, havia ensino quando, você chegava ao colegial, você tinha o ensino científico e clássico.

Científico e clássico.

Acho que já contei na outra, na entrevista anterior. O que significa isso? Significava alguma especialização. Eu, por exemplo, ia fazer Direito, não tinha sentido fazer científico, que era para Medicina, Engenharia etc. Eu precisava fazer o curso clássico. E fiz o clássico para entrar na faculdade. Por quê? Porque no clássico você se especializava em Português, Latim, História etc. e facilitava muito para aqueles que iam fazer Ciências Humanas, entre as quais, o Direito. Então, de alguma maneira, quando nós fazemos uma reforma com alguma certa especialização. De alguma maneira, nós estamos tomando, digamos assim, ainda que levemente, trazendo um passado que foi extremamente útil na especialização para aqueles que iam para esta área ou para aquela área. Foi isso que me deu muito orgulho em ter sido promotor, ao lado de pessoas da educação, desta reforma do ensino médio.

O senhor enfrentou também, de uma forma bastante firme, a questão da administração pública, a questão da profissionalização dos gestores. Claro, com uma dificuldade enorme de um país como o nosso, que tem toda uma História patrimonialista, fisiológica, em que ela persiste ainda com muita força. Eu reconheço aí que os obstáculos foram enormes, mas o senhor teve assim uma medida extremamente corajosa ao promulgar a lei das estatais e depois de enfrentar diretamente a questão da gestão da Petrobras. O senhor poderia cometer esses dois pontos?

Olhe, também, quando, mais uma vez, quando eu cheguei ao governo, verifiquei que estavam terminando de votar na Câmara dos Deputados uma lei regulamentadora da, digamos, da nomeação dos agentes dirigentes das estatais. E eu pedi certa rapidez nessa votação. Sancionei. E logo sancionando, na verdade, nós mandamos para estatais apenas aqueles versados naquelas matérias. E quando você menciona o caso da Petrobras, você se lembra de que a Petrobras, há 3 anos atrás, era uma empresa muito, já, desvalorizada. (Pausa)

Praticamente falida.

Praticamente falida. Digamos, um símbolo da..., digamos assim, do patriotismo nacional, não é verdade?, do nacionalismo brasileiro. E quando nós indicamos os dirigentes para essa estatal, nos dissemos: precisamos recuperar a Petrobras e em menos de dois anos, nós recuperamos inteiramente a Petrobras e até, isso está me chamando atenção, pro caso de outras empresas. Você pega, por exemplo, o Banco do Brasil. Um dia, o Caffarelli, que é presidente do Banco do Brasil[4] me ligou e disse: "Presidente, deixa eu dizer... quando nós chegamos aqui, a ação da do Banco do Brasil era de 15 reais, portanto patrimônio era X. Hoje, ela está em 45 reais, portanto multiplicou por três vezes, não é?" Portanto o patrimônio, que era, vamos dizer, de 35 bilhões passou para 125, 135 bilhões. Hoje pode ter caído um pouco, mas se caiu um pouco não foi de molde a voltar aos 15 reais, pelo contrário. Está em um valor muito mais significativo. A Caixa Econômica Federal, Denis, neste ano, depois de muito tempo, teve um dos lucros maiores que se tem notícia na ação financeira da Caixa Econômica Federal, não é? Os próprios Correios, que tiveram prejuízos acentuados nos 2 ou 3 anos passados, neste ano, em face de uma nova equação, também recuperou-se. Portanto, nesse plano da administração das estatais, também não tivemos, penso eu, uma presença muito marcante porque tudo isso diz respeito ao patrimônio do país, não é? Quando você fala do patrimônio do governo é um patrimônio do país, portanto um patrimônio público; portanto o patrimônio do povo, que deveria ser preservado e enaltecido.

Agora nós devemos também reconhecer que os políticos brasileiros e os partidos políticos gostam de indicar dirigentes para as estatais, então certamente o senhor deve ter tido muita pressão nesse sentido. Como é que foi, por assim dizer, esse embate entre a ideia de modernização da gestão pública e de outro lado o apoio que o senhor precisava também no próprio Congresso Nacional para aprovação das mesmas reformas?

Foi o exame das indicações porque você sabe que mais do que natural de que quem está na atividade política faça indicações. A única coisa que eu solicitei: olha, façam indicações que sejam

---

4. Atualmente, abril de 2020, o Presidente do Banco do Brasil é o economista e professor Rubem de Freitas Novaes.

indicações técnicas e claro que isso passa por uma triagem para saber exatamente: primeiro, se não há algum problema de natureza, digamos ética, em relação ao indicado e, em segundo lugar, das suas qualificações profissionais. E feita essa triagem é que as pessoas foram nomeadas. Eu não tenho absolutamente nada contra indicação feita por agentes políticos, Deputados, Senadores, Governadores, não é? Porque, convenhamos, o Presidente da República nem consegue, digamos, ter, sei lá, centenas de pessoas entre presidente de estatal, diretores de estatais, vice-presidentes, são centenas de pessoas. O Presidente da República não pode, por conta própria, sozinho, dizer ah, vou escolher A, B, C, D... 200, 300, 400. Não há isso. Você precisa de indicações e nada inconveniente que essas indicações venham da classe política porque muitas vezes têm os mais variados contatos e o que nós fizemos foi triagem e as indicações feitas foram adequadas. Quando houve inadequação também saiu em pouco tempo, mas as indicações foram muito adequadas e deram resultado.

Quero dizer, mesmo dirigentes não partidários e partidários, vamos dizer dessa maneira, houve o mesmo princípio, tanto faz, o princípio orientador foi a modernização da gestão pública?

Foi. Não só a modernização, como de resto, a própria lei dizia que, para evitar um pouco, digamos assim, a presença de só quem é político, então a lei já disse, estabeleceu, que aqueles que tiveram militância política nos 36 meses anteriores (nomeação) não poderiam ocupar esses cargos, foi algo muito útil que essa lei estabeleceu e que eu apliquei.

Falando de profissionalização da gestão pública ainda, embora isso não tenha sido uma reforma, mas um ato do Presidente da República, que foi o respeito à independência do Banco Central. Os resultados são tangíveis: uma inflação acima de 10% ao ano já foi reduzida rapidamente a 3%. Essa foi uma decisão sua, de escolha e de respeito aos

escolhidos na sua gestão. O senhor poderia comentar um pouco esse ponto?

Tivemos a oportunidade de escolher um Ministro da Fazenda da melhor suposição, um presidente do Banco Central de igual maneira extremamente qualificado (pausa)

O Ilan, o Meirelles.

O Ilan, o Meirelles. E assim toda a equipe econômica. Esta equipe econômica agiu muito rapidamente, como você disse, a inflação caiu de 10% para 3%. De 10,28% para 3%, não é? Isso tudo em menos de dois anos, não é, Denis, isso foi fruto das escolhas muito adequadas que fizemos. Eu acho que... porque só tem repercussão até no salário das pessoas, não é? você tem um salário X, se a inflação é muito alta, o seu salário vai diminuindo; se a inflação não é alta, o seu salário vai se mantendo tal como fixado num dado momento. Você veja o preço dos alimentos, cresce de acordo com a inflação, se você tem o salário X e a inflação cresce substancialmente, cresce o preço do alimento; seu salário fica paralisado, estagnado. Quando você não tem esses aumentos, você tem a valorização do salário, acho que esse foi o grande efeito da redução da inflação como também é o mesmo caso da redução dos juros, não é? Uma coisa importantíssima para o país; e tudo isso feito com muita propriedade pela equipe Econômica que fez parte do nosso governo.

E aí foi um caso claro em que o senhor não aceitou nenhum tipo de ingerência político-ideológica... (pausa)

Ah, não. Claro.

O senhor se cingiu a questões técnicas...

Eu acho que nós demos autonomia operacional ao Banco Central. Esta autonomia operacional até gerou a ideia, é o que está sendo levado adiante, não é? Tem sido muito discutida, a autonomia real, completa, verdadeira do Banco Central, de modo a que o dirigente do Banco Central pegasse um período do presidente, vamos dizer, se for 4 anos, ele pega dois anos de um presidente e dois anos do outro período presidencial. Aí sim, autonomia completa. De qualquer maneira, eu mantive a autonomia operacional do Banco Central. Nunca chamei o Ilan, presidente do Banco Central, para dizer olha, o juro tem cair assim, assado, etc. ou aumentar assim... Nunca. Realmente, era uma parte extremamente sensível na área financeira que deveria ficar por conta dos técnicos, como ficou ao longo do tempo, em favor da queda da inflação, em favor da queda dos juros, sem nenhuma influência externa.

Eu gostaria de suscitar aí uma questão de ordem política; mencionamos isso no nosso último encontro, mas eu gostaria até que o senhor comentasse ainda a respeito. Uma parte da classe política é uma classe política que tem visão de país, ela é moderna, embora hoje a classe política esteja, por assim dizer, no chão, dadas as diferentes acusações falsas e não falsas dirigidas a ela, mas uma classe política que cujos membros (alguns) estão comprometidos com a modernização e o futuro e outros estão imersos, vamos dizer dessa maneira, em práticas fisiológicas, estão acostumados com o velho Brasil e a velha política. O Senhor conhece muito bem esses dois lados, tanto pela sua atividade parlamentar, presidente da Câmara dos Deputados várias vezes, como quando Presidente, sempre me chamou a atenção sua extrema habilidade em manejar, por assim dizer, esses dois mundos. Cheguei a fazer um artigo sobre isso naquela ocasião para o *Estado de S. Paulo* e para o jornal *O Globo*. E quando eu o elogiei dessa maneira, muitos me criticaram: como é que o senhor está elogiando o Presidente? Mas, eu disse, ele é altamente elogiável, quem é que consegue conduzir um país tão dividido de uma forma tão hábil?

Você tem que trabalhar, não é, Denis, com aquilo que você tem. Em primeiro lugar, eu quero registrar que nem todos do Congresso

Nacional são fisiológicos. Há naturalmente uma fisiologia que não é de hoje, é uma coisa que vem do passado, não é?

Aliás, conta a História, que quando Cabral descobriu o Brasil, Pero Vaz de Caminha escreveu uma carta para o Rei de Portugal e na carta ele disse, olha, eu tenho um sobrinho que está aí, estou lhe pedindo um emprego para o meu sobrinho... não é? Então estou contando esse fato apenas para ilustrar o que eu quero dizer. É evidente que há um outro que age dessa maneira, mas, no geral, não há exatamente essa fisiologia. O que há é uma composição entre o Executivo e o Legislativo. E, realmente, é preciso saber como você está lidando, qual é a realidade até legislativa do Poder Legislativo do nosso país, e por isso é preciso eu reconheço, é preciso muita habilidade e mais do que habilidade, é preciso conhecer bem o Congresso Nacional e além de conhecer bem, é preciso ter um bom contato com o Congresso Nacional. Eu, você sabe, não é fácil ser três vezes presidente da Câmara. Se eu fui, é porque eu tinha bom contato com os parlamentares e esse bom contato eu levei para o Executivo da Presidência da República, não é? Tanto que eu tenho horror a quem acha que o outro está sempre errado, eu não. Você sabe que eu ouço muitas pessoas e muitas e muitas vezes, interessante, eu ouço, eu tenho uma ideia, ouço uma determinada opinião e mudo de opinião. Interessante até, viu Denis, dizem assim: o Presidente recuou. Não há nada melhor do que o recuo quando você percebe que o melhor caminho é este ou aquele. Quem não recua é o ditador. O Ditador não recua. Isto ele disse, a palavra dele é imperial, imperativa, e não há como recuar. Você na democracia, não. Você tem que ouvir os vários setores, as várias pessoas, e quando você muda de opinião não significa recuo, significa, ao contrário, adaptação aquilo que é mais útil para o país. isto acontece com muita frequência. Eu, graças a Deus, soube controlar essas coisas.

Me diga uma coisa, qual é o seu processo de decisão política, como é que o senhor decide?

Olha, em primeiro lugar, eu formo a minha convicção, depois de formar, aliás, ao formar minha convicção, eu ouço muitos

e depois de formá-la, digamos, vou usar um neologismo, eu re-
-ouço as pessoas depois que formei a minha convicção. Isso nos
casos em que comportam uma certa dilação, um certo alongamen-
to na discussão. Quando há questões urgentíssimas, claro que eu
tomo a decisão por conta própria, afinal nós temos uma certa...
temos muita estrada política, isso nos dá muita experiência, mas
eu tomo muito cuidado para não tomar decisões isoladamente.

Alguns o criticam por ser vacilante nas suas decisões, seria então uma, digamos, uma percepção equivocada nesse amplo processo de consulta, por assim dizer. Como é que o senhor responderia a essa crítica?

Eu acho que essa chamada vacilação vai ser um exemplo para o futuro, porque nele você verá que as pessoas dirão: O Temer soube conduzir de uma maneira muito adequada, sem nenhuma radicalização, sempre ouvindo as pessoas e sempre fazendo aquilo que eu disse na primeira frase: quando você muda de posição é porque você evoluiu. Então essa chamada vacilação, na verdade, eu penso que seja uma sabedoria política na medida em que você não quer impor a sua vontade. Agora, também tem uma coisa, essa história de não ter...Faço aqui um parênteses. As pessoas confundem muito educação com falta de autoridade. As pessoas acham que para ter autoridade é preciso ser mal-educado, precisa ser grosseiro, precisa "xingar" as pessoas, precisa falar mal das pessoas. Este é um hábito que hoje, mais do que nunca, impera no nosso país. Vejo as pessoas desarrazoadas que ficam falando barbaridades, o que dá um péssimo exemplo. Porque sabe, de alguma maneira, Denis, o homem público é um exemplo para o cidadão e muito até muito maiormente eu acho que o artista, por exemplo, o artista em geral ele também é um exemplo porque são pessoas que aparecem muito e aparecendo muito servem de padrão, serve de exemplo para o cidadão comum, então a classe política tem que tomar muito cuidado com isso; tem que ser educada, tem que ser, até um certo ponto, cerimoniosa, tem que atender a certos pressupostos de cordialidade, o que não significa falta de autoridade. Olhe, eu fui secretário da Segurança Pública em São Paulo duas vezes. E bem-sucedido.

E secretaria difícil, não é?

Dificílima. Onde a autoridade é presente. Como é que as pessoas, Polícia Militar, Polícia Civil e todos viam a minha autoridade? Por força de uma educação muito afirmativa, não é? Eu sinto que, muitas vezes, as pessoas educadas são tidas como frágeis e não é fragilidade, isso significa compatibilidade com aquilo que o país precisa e é um exemplo para aqueles que, na verdade, nos olham, nos veem. Eu volto a dizer, o homem público tem que ser um exemplo para o cidadão. Ele olha e diz: "vou me comportar dessa maneira". Eu sei até, olha aqui, vou dizer uma coisa, vem, virá um ou outro dizer: mas você foi acusado disso e daqui você pode ser exemplo? Acusado injustamente e acusado injustamente capaz de muita autoridade para combater as acusações. E isso também deve ser um exemplo; um exemplo de coragem daquele que, sabendo que a acusação é falsa, combate a acusação.

Presidente, vamos sair agora do homem público, do administrador, do político, do parlamentar, do homem executivo e vamos para o homem de letras. Realmente é raro que se possa observar um Presidente da República que cultive as letras e eu gostaria de, primeiro, começar com sua atividade de poeta em particular. Eu gostaria que o senhor relatasse aos telespectadores (ou leitores) o primeiro poema que o senhor memorizou e como é que foi a sua entrada no mundo da poesia?

Interessante, você sabe que eu tinha um irmão, um dos meus irmãos veio fazer Direito na faculdade do Largo São Francisco em 1947, olhe, faz tempo, e ele me levava umas revistas do centro acadêmico XI de Agosto que tinha escritos de alunos, etc. da faculdade, e eu tinha uns 8 ou 9 anos, 9 anos, talvez, e li duas poesias que eu gravei desde os 9 anos de idade. Uma chamava-se

"A mulher que eu não queria" e a outra chamava-se "Filosofia de um diretor de circo". De um autor chamado Malanga, eu gravei o nome, se não me engano Antônio Malanga. Eram dois poemas rápidos. Um era a antítese do outro, porque um dizia mais ou menos assim: *Possui os cabelos sedosos, Uma boca perfeita, um primor, E trazia nos olhos formosos, Mil promessas e sonhos de amor*. Já na "Filosofia de um diretor de circo" dizia assim: *Possui os cabelos de milho, Uma boca amarela sem dente, e trazia nos olhos o brilho das pessoas que sofrem da mente*. E daí vinha mais três versículos que terminavam assim, por uma ou outra razão... Era assim e assado, mas não era a mulher que eu queria, não é?, tanto no caso da "Mulher que eu não queria" como em "Filosofia de um diretor de circo". Na "Filosofia de diretor de circo" também, ele diz mais ou menos no final: *a coruja era louca e vadia, tendo-a junto de mim, desprezei-a. Mas por ser tão medonha e teimosa, Numa jaula, a fechei, Nesse dia ficou sendo uma fera famosa. Ficou sendo a mulher que eu queria*. (risos) Ele era diretor de circo.

Eu gravei essas duas poesias logo no início (pausa)

Nove anos de idade?

Nove anos. Depois, ao longo do tempo, eu conheci o "Navio Negreiro", "Operário em Construção", de Vinícius de Moraes, são poesias longas que eu decorei por inteiro e fui fanático por poesia. Pois muito bem, quando eu tinha uns 41, 42 anos, eu era Procurador-Geral do Estado e um colega meu, que dava aulas comigo na PUC, me disse: olha, eu vou à posse do Procurador-Geral de Justiça, você não quer ir comigo? Vamos juntos. Quando nós chegamos lá, ele me apresentou: "Você conhece aqui o Malanga?" Antônio Malanga, se não me engano. Eu olhei para ele e disse: olha eu não te conheço, mas eu conheço suas poesias e declamei as suas poesias para ele. E ele disse: Como é que você sabe isso? Foram dois poemas que eu escrevi quando estava na faculdade de direito, há muito tempo. (pausa)

O senhor deve ter sido o único leitor. (risos)

Acho que foi. E ele ficou muito entusiasmado até. Eu disse: pois é. E ele falou, "olha, acho que foram as únicas duas coisas que eu escrevi, não é?, quando era estudante. Então eu tive sempre uma paixão muito grande por poesia, porque a poesia ela consegue retratar um sentimento humano, não é?, é mais do que, digamos assim, o romance, em que você precisa dar tratos à bola para criar os personagens. A poesia não. A poesia é um sentimento, o sujeito "bota" aquilo para fora. Nas viagens SP/Brasília, eu escrevia em guardanapos de avião quando tinha alguma inspiração.

E chegando ao escritório, eu pedia para Gilda, pessoa que trabalha comigo: Gilda, digita isso daí, não é?, e eu fui guardando, fui guardando, até que amigos meus viram lá sobre a minha mesa aqueles escritos e pediram para ler e diziam "olha, você deveria publicar". Até diziam uma coisa curiosa: Você é muito cerimonioso, tem um jeito meio metálico, isso vai humanizar sua figura. Daí eu resolvi publicar. Eu publiquei preocupado, porque quando o homem público publica essas coisas vêm críticas... as mais ferozes. Mas, graças a Deus, não houve críticas, não houve críticas. E realmente nesses escritos eu retratava o que eu sentia, primeiro ponto e, segundo ponto, as sensações que eu tive na infância, então vou dar mais um exemplo para você, que é uma das coisas rápidas que eu escrevi, pois há coisas mais longas e coisas mais curtas. Eu morava em Tietê, como você sabe, uma cidade pequena, havia um cinema, e às sextas-feiras eu ia assistir a um seriado. Eu morava há uns 5 km do cinema e eu voltava a pé à noite. Quando eu passava por uma casa que tinha um jasmim, dama-da-noite, e aquilo tinha um perfume maravilhoso e então eu ia encantado com aquele perfume até a minha casa. Um dia, eu estava no avião e me lembrei disso, aí fiz um poeminha assim, porque eu senti com certa dor, não é?, e fiz uma coisinha rapidinha: *Ainda me lembro com dor aquele odor, jaz em mim, o perfume do jasmim*. Essas coisinhas e que eu ia lembrando e escrevendo e acabei publicando um livro de poemas modestíssimo, não é? Mas era uma coisa muito minha e eu de vez em quando releio porque ao reler eu me lembro de cada passagem da minha infância, da minha juventude, porque até então eu só tinha escrito livros técnicos, escrevi livros de direito constitucional, graça a Deus, um livro que está em 24ª edição, mas teve mais 10 tiragens, portanto quase 34 tiragens. Vendeu milhares e milhares de livros. Escrevi muitos artigos estabelecidos num livro chamado *Constituição e Política* e no outro chamado *Democracia e Cidadania*, mas eram livros técnicos, mas o que mais me compensou, confesso a você, foi escrever essas coisinhas que afinal foram publicadas pela Topbooks.

Nesse, digamos, Michel Temer adulto e poeta, não mais o menino, senhor encontrou em alguma ode a mulher que você queria? (risos)

(risos) Seguramente. Seguramente.

Vamos agora ao professor de direito constitucional e ao escritor. O seu livro foi, como o senhor bem coloca, teve múltiplas edições, foi muito lido, formou várias gerações de professores, de juristas. Hoje Ministros, advogados, desembargadores. Eu mesmo posso testemunhar que, várias vezes, pessoas vêm conversar comigo e dizem: mas eu li aquele livro do direito, sobretudo aquele do direito constitucional. Como é que surgiu a ideia de fazer o livro?

Bom, eu dava aulas, não é? Eu dava aulas e num dado momento eu percebi que eu poderia ter um público leitor e um público leitor porque os próprios alunos, tanto no mestrado, quanto no bacharelado, diziam: mas professor, o senhor tem alguma coisa escrita, qualquer coisa? Daí, o que fiz? Eu contratei uma taquígrafa e eu fazia o seguinte: dava uma espécie de aula e eu dizia, olha, hoje nós vamos tratar aqui do Poder Constituinte. Eu dava a aula, ela anotava, passava para mim depois, eu corrigia, acrescentava, reduzia, punha as notas de rodapé e, bom, esse ponto estava pronto. Agora, hoje, nós vamos falar sobre Poder Legislativo: suas funções. Dava uma aula, uma hora, uma hora e quinze, novamente ela me trazia, eu corrigia, notas de rodapé, e estava pronto. O livro inteiro foi dessa maneira, por isso que ele é, digamos assim, muito didático. Muito didático. E acho que teve sucesso, você vê, quase praticamente 24 mais 10 tiragens, praticamente 34 edições, não é? Teve muito sucesso, até pela facilidade da leitura porque uma das primeiras coisas que quem está na área jurídica deve fazer é simplificar os conceitos, não é dificultá-los. Não é o jurisdiquês, que deve presidir a nossa escrita e a nossa oração, o que deve presidir exatamente é a simplificação dos conceitos. Você quer ver uma coisa? "Poder Constituinte" parece uma coisa tão estranha, eu digo assim, poder constituinte vem de poder constituir, então quem é que tem a capacidade de constituir esta mesa? É o marceneiro, porque ele junta peças, etc. etc. Quem é que tem a capacidade de constituir uma entidade chamada Estado? É o povo; ele reúne várias peças e tal e constitui o Estado por meio de representantes constituintes.

Seguindo

Isto não é uma organização, porque as pessoas estão lá sem o vínculo entre elas. Eu saio de lá vou para uma salinha que tem dez pessoas reunidas e alguém me diz: isso aqui é a diretoria do Corinthians Futebol Clube, do São Paulo Futebol Clube e eu digo: isto é uma organização que tem um estatuto, que diz quais são as competências do presidente, do diretor, até onde podem ir, até onde não podem ir, quais as sanções que sofrem. Então, quando você fala em sociedade, digo eu, você está falando de uma organização, não é?, e organização significa um direito que estabelece as competências de cada um. Por isso que você não pode falar de sociedade desorganizada, é uma contradição. Aliás, os latinos diziam: *Ubi societas, ibi jus; Ubi jus, ibi societas*. Onde está a sociedade, está o direito; Onde está o direito, está a sociedade. Então foram essas simplificações as que, graças a Deus, me permitiram dar muitas aulas, fazer muitas palestras e até escrever.

Chamou-me muita a atenção na leitura dos seus livros precisamente esse ponto: a simplicidade na escrita e a au-

sência do jurisdiquês, não é? Ou seja, muitas vezes, a leitura de um livro de direito é contaminada por um espírito corporativista como se fosse dirigido apenas aos seus pares; o senhor escreve para o público em geral.

Tem que ser assim. O alunado apreciava muito isso, e as pessoas que estudaram pelo meu livro... eu vejo que também apreciaram essa forma mais singela, mas simplificada de explicar as coisas. Não significa que não há conceitos, muitas vezes, complicados. Quando você entrar no problema da interpretação, você tem a interpretação literal, que é o que está escrito na lei, na Constituição, daí você não tem como interpretar. Tem um ditado latino que diz: *in claris cessat interpretatio*. Quer dizer: diante da clareza do texto, não há o que interpretar. Agora, muitas vezes você tem que fazer uma interpretação sistêmica, você examina todo o sistema Constitucional e tira uma dedução. Mas isso tudo, dito de uma maneira singela, é de mais fácil compreensão.

Seja como o poeta, seja como escritor de Direito Constitucional, como é que o senhor dividia seu tempo entre atividade intelectual e a política? Pelo que eu lhe conheço, o senhor sempre foi político: Deputado, Procurador... Enfim, sempre se dedicou à vida pública, vamos dizer dessa maneira. Agora, claro, como Presidente fica um pouco mais difícil, mas como é que o senhor dividia antes seu tempo entre atividades propriamente de políticas públicas e atividade, digamos literária, intelectual?

É que você tem que trabalhar na verdade 16, 18 horas por dia. Você tem que aproveitar todo o tempo, seja pelas leituras, seja pelo escrito, ou seja, pela atividade. Ainda hoje confesso que chego aqui 10, 11 horas da noite; leio, muitas vezes uma hora, às vezes assisto a séries. Hoje, há séries de televisão extraordinárias, não é? Se você quiser conhecer a Segunda Guerra Mundial, tem um documentário sobre a Segunda Guerra Mundial que tem vários capítulos, coisa fantástica. Agora, até eu estou assistindo a um documentário sobre a Guerra do Vietnã. Tem inúmeros, acho que 15, 20 capítulos, desde o aparecimento de Ho Chi Minh, enfim, de tudo que aconteceu; como os franceses dominaram o Vietnam, ver como é que os americanos entraram lá, como se deu a expulsão dos japoneses... É um documentário com cenas da época, então eu aproveito. E eu sou muito, digamos, mente cinematográfica. Eu olho e vou fixando e vou fazendo ligações de uma coisa com a outra.

O que está assistindo agora?

A vida do Trump, porque é interessante você conhecer, porque ele era um empreendedor acho que desde os 21, 22 anos. Ele resolveu construir um hotel chamado Grand Hyatt, em Nova York, e obteve até uma isenção de impostos municipais por 40 anos. Ele sempre foi um empreendedor. Interessante, o pai dele já era um grande construtor e ele sempre foi um grande empresário; isso é importante você saber. Não basta ver o Trump de hoje, muitas vezes é preciso ver o Trump lá no começo, como é que as coisas evoluíram para que ele chegasse à Presidência da República.

Numa ocasião, o senhor me comentou sobre a série "Survivor"... (risos)

(risos) Ah, sim, isso é formidável. Muitas vezes eu me vejo lá.

Por favor, o senhor poderia explicitar para aqueles que desconhecem a série?

Chama-se "Designated Survivor". A história é muito simples, muito rápida. Começa com a seguinte coisa: o sujeito, que era Secretário da Habitação do governo americano, tinha vindo do interior com a família, filhos pequenos, tinha assumido, há pouco tempo, mas num dado momento, o chefe do gabinete do Presidente o chama e diz: olha nós vamos precisar do seu cargo. Mas como, meu Deus, eu acabei de vir com a minha família, meus filhos na escola? Ah, lamento, mas o senhor tem que entregar o seu cargo, o Presidente está precisando do seu cargo. Nesse momento, eles estão abrindo a janela em que se vê o Capitólio. E lá no Capitólio está havendo uma solenidade onde estavam todas as outras autoridades: Presidente, vice-Presidente, presidente da Câmara, presidente do Senado, Deputados, Senadores e, de repente, explode Capitólio. Quando explode o Capitólio, morrem todos. Interessante, eu confesso que eu nem sabia que havia essa hipótese no direito americano, acho que é uma hipótese concreta... (pausa)

Acho que é uma lei.

É. Você tem a sucessão Presidente, Vice-presidente, presidente do senado, Presidente da Câmara, presidente do Supremo, outro designado e alguém que é designado secretamente. Evidentemente que o designado secretamente é alguém que eles escolhem lá, designado secretamente se todos morrerem, uma hipótese dificílima de acontecer, mas aconteceu. Nesse momento, entra um sujeito com uma Bíblia diz assim: olhe, você jure aqui, você foi o designado secretamente, você é o Presidente da República e ele se surpreende, não é? E ele fica assustadíssimo. Daí começa o drama dele, do reconhecimento da legitimidade dele. De vez em quando até há uns capítulos lá, que eu me vejo muito nos capítulos, porque há umas contestações... Mas é muito ilustrativo, porque ele vai até o fim.

Uma última pergunta, senhor presidente: o Michel Temer intelectual tem algum livro em mente?

Em mente eu tenho. Eu espero sair daqui da Presidência e escrever coisas que eu tenho na minha cabeça. Eu acho que poderá vir a ser interessante. Eu quero me dedicar a isso. Eu vou escrever. É uma espécie de uma ficção com realidade. É um romance que eu quero escrever, mas é, volto a dizer, misturando ficção com realidade.

O senhor poderia nos antecipar um pouco a sua ideia?

Olhe, na verdade parte da concepção de tudo que eu vivi. Aliás, certos livros, eu me lembro havia uma autora francesa chamada Françoise Sagan que escreveu um livro chamado "Bom dia, tristeza" e depois escreveu outros livros e, interessante, no "Bom dia, Tristeza", você vê praticamente as sensações da vida dela. Depois quando ela se profissionalizou, escreveu outros livros, ela não foi a mesma coisa. Então eu pretendo escrever um livro que seja ficcional-autobiográfico.

■ *A Escolha* | Michel Temer

Presidente Temer recebendo o Prof. Paulo de Barros Carvalho e a Reitora da PUC/SP, Maria Amalia Pie Adib Andery.

Capítulo 3

A CONSTITUIÇÃO DE 1988
O DEPUTADO CONSTITUINTE
A PRESIDÊNCIA
ORDEM E PROGRESSO
RELAÇÃO COM OUTROS POLÍTICOS

Capítulo 3
A CONSTITUIÇÃO DE 1988
O DEPUTADO CONSTITUINTE
A PRESIDÊNCIA
ORDEM E PROGRESSO
RELAÇÃO COM OUTROS POLÍTICOS

Presidente, o início da sua carreira política é marcado pela Constituição de 1988, que completa 30 anos neste ano.[1] Qual o fato, qual o gesto, qual a história, o que mais marcou o Deputado Constituinte Michel Temer naquele momento?

Permita-me, apenas, relembrar, como já tive a ocasião de assinalar, que, na minha perspectiva, a minha carreira política começou quando entrei na Faculdade de Direito da Universidade de São Paulo e em minhas atividades políticas no Centro Acadêmico XI de agosto. Quando o governador Franco Montoro me incentivou a disputar a Constituinte, lembrei-me de meu curso de Teoria Geral do Estado, ministrado pelo professor Ataliba Nogueira. Ele foi Constituinte em 1946, relatando com grande orgulho aquela sua experiência. Posteriormente, fui ler os anais dessa Constituinte, detendo-me nos extraordinários discursos do Prado Kelly, trabalhos fantásticos, produzidos naquele período, um dos tantos daquela época. A Constituinte ficou na minha cabeça desde os 18 anos de idade, porque a cadeira de Teoria Geral do Estado fez parte de meu primeiro ano da faculdade de Direito. Quando cheguei à Constituinte, a sensação foi grandiosa.

Você sabe que havia uma mobilização nacional pela Constituinte. Com anterioridade, tinha participado de congressos da Ordem dos

---

1. Neste ano de 2020, a Constituição Federal completará 32 anos no mês de outubro.

Advogados do Brasil, um deles pleiteando a Constituinte, uma nova Constituição para o Brasil e, em consequência, a redemocratização. O outro era referente aos predicamentos, às atribuições dos Poderes do Estado, o Legislativo, Executivo e Judiciário. Ou seja, havia, naquela época, todo um trabalho sobre temas institucionais. Tive uma participação ativa nesses encontros. Logo, quando cheguei à Constituinte, tive a sensação, primeiro de conhecer o Brasil por inteiro, porque você sabe que, vivendo em São Paulo, você acaba se restringindo um pouco. Isto porque se tem a impressão de que São Paulo é o País, e não é, apesar do seu desenvolvimento admirável e de muitos elogios que recebe. Na verdade, conheci o País quando contatei os vários Deputados e Senadores constituintes, ganhando, então, a dimensão do que era exatamente o nosso País, especialmente quando os trabalhos se iniciaram. Confesso a você que eu tive um orgulho extraordinário! Tive a sensação de que eu iria aplicar um pouco dos meus conhecimentos de Direito Constitucional, afinal, eu estava cuidando de reconstruir ou construir um novo Estado brasileiro. A sensação foi de grandiosidade, disse-me: esta será a maior tarefa que certamente eu terei na minha vida. Foi a primeira sensação. A segunda sensação é que logo eu pleiteei a designação para uma comissão chamada "Tripartição do poder" e, nesta comissão, havia subcomissões. Uma das subcomissões era a subcomissão do Judiciário, do Ministério Público e da Advocacia, que foi exata e precisamente a comissão para a qual fui destinado.

Você deve ter feito alguns amigos. Com quem o senhor teve mais afinidade? Como foi a construção da relação do Deputado Michel Temer com seus pares?

Olha, eu tive muitos contatos, você sabe que até, muitas e muitas vezes, eu era chamado por colegas para defender certas teses, que eram propostas para uma formatação Constitucional. Alguns colegas viam me procurar e diziam: olha, Temer, gostaria que você sustentasse esta tese também etc. Quando lá cheguei, já conhecia, por exemplo, o Hélio Rosas, o Fábio Feldmann, o Caio Pompeu de Toledo, já falecido, o Jobim, com quem eu tinha contato na área acadêmica, Mário Covas, Fernando Henrique, enfim, muita gente. Alguns eu conhecia pelo fato de ter sido Secretário e Procurador-Geral do Estado de São Paulo. O Jobim teve uma atuação muito intensa na Constituinte, tanto que nós participamos não só do Plenário, naturalmente, como, depois, de uma chamada "Comissão de sistematização", que visava a sistematizar os vários trabalhos feitos pela comissão, e, finalmente, até da Comissão de Redação, constituída de poucos membros, 24 ou 26. O José Costa era um Deputado de Alagoas, o Plínio de Arruda Sampaio, já falecido, de São Paulo, o Egidio Ferreira Lima, de Pernambuco, um pessoal do melhor nível. Com todos, fiz uma relação muito especial naquele período.

E tem alguma Lei/artigo que tenha as suas digitais?

Bom, eu trabalhei muito no Código de Defesa do Consumidor, fui o autor da inviolabilidade profissional dos Advogados, enquanto figura indispensável à administração da Justiça. No artigo 133, está escrito: *"O advogado é indispensável à administração da Justiça, sendo inviolável por seus atos e manifestações no exercício da profissão, nos limites da lei"*. Pleiteei também na época, ao lado do Hélio Rosas, que foi meu grande amigo na Constituinte, as postulações da Polícia Militar, por conhecer os problemas da segurança pública. Nós defendemos os votos de cabos e soldados. Naquele período, eu me lembro de que o Ministério Público esteve muito presente, sendo particularmente atuante o Fleury, que foi Governador, o Antonio Araldo Ferraz Dal Pozzo, meu conhecido desde os tempos de Tietê, tendo sido da Associação Estadual do Ministério Público. O Ministério Público frequentava muito meu gabinete, fazendo as postulações de defesa das funções que, hoje, ocupa no cenário constitucional brasileiro. Da mesma maneira, defendi as prerrogativas da magistratura.

Nesses 30 anos de Constituição e ao término de sua gestão na Presidência da República, podemos entender este processo como o fim de um ciclo. Qual é, então, a nova fase

na vida do homem Michel Temer?

Olha, representa o fim de um ciclo talvez político, porque eu tenho, vamos usar uma expressão livre, muita estrada, não é? Comecei lá atrás, como disse a você, tendo sido três vezes Secretário de Estado de São Paulo, duas vezes Procurador-Geral, seis vezes Deputado Federal, três vezes Presidente da Câmara dos Deputados, Vice-Presidente e hoje Presidência da República. Agora, não se pode dizer que minha vida profissional, enquanto advogado e professor, esteja concluída.

E como o senhor se vê no ano que vem? Aceitaria uma embaixada, aceitaria ser Ministro da Justiça, por exemplo, em um futuro governo?

Eu me vejo descansando, quero acordar e dizer: tem alguma coisa para fazer hoje? E alguém diz: não tem nada. E eu falar: que bom (risos), porque, nos dias atuais, o que você menos tem é o nada. Ao longo de mais de trinta e cinco anos de vida pública, de magistério e de atividades na área jurídica, nunca tive um espaço onde me perguntassem: o que você tem para fazer hoje? É uma agenda enorme, que começa logo às oito horas da manhã indo até meia noite. Presidente da República trabalha 24 horas por dia. Então, quando você pergunta o que você pensa fazer no término de seu mandato? Eu espero não fazer nada. O nada não significa que eu não vá produzir intelectualmente, até porque você precisa ter uma produção intelectual, talvez quem sabe advogando, quem sabe dando pareceres.

Mas deixaria a política?

A política, sem dúvida. Confesso que foi muito enaltecedora, mas, nos últimos tempos, muito sacrificante, especialmente porque ela gerou muitas injustiças que carregarei pelo resto da vida, não é?!

Tendo sido um Constituinte de destaque, Presidente, como podem considerá-lo golpista?

Só para aqueles que não conhecem a Constituição. Aliás, o que menos se faz no Brasil é conhecer o que diz a Constituição. Muitas vezes, quando se olha o texto Constitucional, dá-se uma interpretação dissonante daquilo que está no texto, seja com uma interpretação literal, seja com uma intepretação sistêmica. Cumpro sempre a Constituição, com o ardor e a convicção de que assim que você fornece estabilidade às instituições e a sociedade.

"Fora Temer" foi uma palavra de ordem exaustivamente repetida pela oposição. Em algum momento, o senhor considerou a possibilidade de deixar o cargo de Presidente?

Não. Você sabe que, mesmo naqueles momentos mais difíceis, eu pensava: poxa que bom se eu não estivesse aqui, não é? Mas eu me disse: não, eu fui colocado nesta posição, o destino me colocou aqui e eu tenho que cumprir bem o papel que a vida me entregou. Olhe, a vida também é uma interpretação. Você tem que interpretar bem o papel que a vida te entrega e tenho vivido bem intensamente o papel de Presidente da República. Houve, é claro, uma oposição radical, mas ela proveio daqueles que, na verdade, não leram e não leem a Constituição Federal. Lá, está dito que se houver um impedimento, com o subsequente afastamento do titular do cargo, assume o vice-Presidente. Qualquer americano, por exemplo, ficaria corado, vermelho, se lá dissessem assim: aconteceu alguma coisa com o Presidente, o Vice não pode assumir!

Relembrando, então, o dia 17 de maio: onde o senhor estava quando recebeu a notícia de que a coluna do jornalista Lauro Jardim iria soltar uma bomba política?

Eu estava reunido com governadores de Estado. Você sabe que uma das grandes postulações dos governadores era a repactuação da dívida que eles têm com a União. Era uma coisa já desejada há muito tempo e não se conseguia. Passava um governo, outro governo e ninguém resolvia. Eis o que fazia, precisamente a ideia de uma repactuação que, afinal, foi feita a favor dos Estados.

Como foram as primeiras horas?

Você sabe que fiquei chocado, não poderia deixar de ficar, digamos, preocupado e assustado que estava pelo fato, em primeiro lugar, de ter sido gravado ilegalmente. Em segundo lugar, gravado de uma maneira criminosa, pois aquele cidadão entrou na casa do Presidente da República, instruído por aqueles que queriam que ele trouxesse uma gravação do Presidente. Relembremos. Isto não foi de graça, aliás, tanto não foi de graça que quando eu fiz o meu pronunciamento dizendo: olha, isso tem atrás, não vou mencionar o nome, mas tem um procurador, provavelmente, a mando, que o orientou a fazer tal tarefa, por assim dizer. Atualmente, para confirmar minhas palavras, este mesmo procurador está sendo denunciado pelo Ministério Público Federal. Agora fiquei, devo dizer, chocadíssimo quando soube daquilo e percebi que daria pretexto às maiores campanhas difamatórias contra mim, visando a me derrubar da Presidência da República. Resisti, pois se não resistisse, eu me autodeclararia culpado.

Naqueles dias, o Ministro Fachin demorou a liberar a gravação, tendo sido isto dito por seus advogados. Ela só foi liberada no final do dia 18.

Tenho a impressão de que foi, mesmo, depois.

E quando foi que o senhor ouviu o áudio? Estava no Palácio do Planalto?

Quando foi liberada a gravação, verifiquei que a tal da frase fatídica não tinha sido dita.

Foi aí que surgiu a ideia da contratação de um perito pelo senhor?

Sugeri aos meus advogados a contratação de um perito. Jornais como o *Estado de São Paulo* e a *Folha de São Paulo*, por sua vez, mandaram fazer perícias próprias. Constataram falhas na gravação. O perito por nós contratado, grande profissional, também detectou inúmeras falhas, até palavras, que não constavam da gravação. Uma expressão do tipo "todo mês" era, na verdade, "todo meio". Criou-se, assim, uma narrativa sequencial que inexistia!

Voltando, presidente, à escolha do seu nome pra ser Vice da Presidente Dilma em 2010. Sabe-se que a ex-Presidente não morria de amores pelo senhor, tendo cogitado de outros nomes. Como foi feita esta escolha, quem lhe ajudou nisto? Como foi a postura do MDB, na época PMDB?

Foi o PMDB, que quis ocupar a cadeira de Vice, e me escolheu como candidato. De fato, você está dizendo uma coisa que talvez seja verdadeira, eu não tinha simpatia nem da Presidente, da candidata, nem do ex-Presidente, tanto que em um dado momento até pleiteou-se que o PMDB mandasse três nomes. O PMDB disse: não. Só vamos mandar um nome. Que era o meu. Não tinha, naquele momento, a intenção de voltar a ser Deputado. Assim, quando surgiu esta oportunidade, disse-me: muito bem, eu vou ser candidato. Até achava que não seria eleito, encerrando minha vida pública. Coisas do destino! Fui eleito pela primeira vez e, na segunda, o PMDB quase não faz o acordo. Tornei-me, então, Vice pela segunda vez e, sequencialmente, Presidente da República.

O lema, na verdade, o conceito de "ordem e progresso", tornou-se uma marca de sua gestão. A sua gestão conseguiu pô-lo em prática?

Eu acho que sim, em boa parte. Isto porque estas coisas não se fazem de um dia para o outro. Não há esta ideia de que chegou o salvador da Pátria, abençoando a todos e salvando a nação. Não é assim! Registro que, quando assumi, havia uma oposição muito ativa, organicamente estruturada e, também, feroz e agressiva.

Numa Pátria conflagrada, verificou-se que eu tinha de pôr, por assim dizer, a casa em ordem, porque é nessa ordem que nasce o progresso. A bandeira brasileira não foi pensada aleatoriamente, pois, ao ser colocado progresso após a ordem, pensou-se que o segundo termo deriva do primeiro. Interessante. Como a ordem é ela mesma ditada pelo Direito, se você cumpre rigorosamente a ordem jurídica, você está cumprindo a tese de ordem e, assim, você tem o progresso. Quando nós escolhemos o lema "ordem e progresso", o fizemos pensando nesta linha argumentativa, visando, então, às reformas constitucionais.

Sabe-se que a escolha do Ministro do STF é uma atribuição do Presidente da República. O senhor nomeou um Ministro do STF, Alexandre de Moraes. Como foi a sua escolha?

Eu já conhecia o Alexandre há muito tempo. Ele é um grande Constitucionalista. Já muito jovem incursionou por essa área. Estivemos juntos em várias oportunidades e congressos. Firmamos uma amizade, digamos, intelectual e pessoal. Depois, ele foi Secretário da Segurança do Governo do Estado de São Paulo, no governo Alckmin, tendo sido, então, convidado para ser Ministro da Justiça. Fez, lá, um belíssimo trabalho, não tendo deixado de produzir intelectualmente. Na minha concepção, você tem de mandar para o Supremo pessoas preparadas, focadas juridicamente. Quando surgiu uma vaga, pensei logo no Alexandre por estes antecedentes mencionados e eu me disse: será alguém que irá lá, digamos, honrar as cores da área jurídica. É o que está fazendo no Supremo Tribunal Federal.

O senhor assume a Presidência sem prometer nada, portanto não frustrou ninguém. Pelo contrário! Surpreende no primeiro mês com o reajuste do bolsa-família, a demissão de 10 mil cargos de confiança, entre outras ações. O senhor acredita que isso pesou para que o senhor não tivesse protestos, não tivesse tido nenhum panelaço, não tivesse nenhum movimento de rua?

Olhe, eu realmente quando cheguei, a situação do Brasil era muito complicada. Como vimos, nós estávamos com o PIB negativo de -3.6% e havia um documento firmado pela senhora ex-Presidente, que dava um aumento para todas as categorias de funcionalismo público, assinado pelo governo e pelos representantes das categorias. Logo, quando cheguei, fui muito cobrado para dar esse aumento. Eu me disse: bom, eu não vou recusar. Depois verificarei como fazer, mas, neste momento, eu não vou recusar. Acabei dando o aumento, mas não creio tenha sido isto que tenha impedido eventuais protestos. Graças a Deus, os protestos foram pouquíssimos, organizados por um partido político voltado apenas para criticar o novo governo, mas, como consciência geral da coletividade, isto não ocorreu.

Presidente, a ajuda humanitária aos imigrantes venezuelanos foi uma atitude de coragem diante das reações contrárias aqui no Brasil. Houve algum reconhecimento desta ação por parte das ONG'S, da imprensa? E por que as instituições defensoras dos direitos humanos não se manifestam?

Isto é que eu não entendo, sabe? Interessante, você fez uma pergunta que poderia ser feita às organizações de direitos humanos...Porque, quando eu fui à ONU, um dos seus temas, em 2016, era precisamente a questão dos refugiados. Evidentemente, naquela oportunidade, não refugiados venezuelanos, que ainda não haviam se constituído enquanto problema, mas refugiados de outros países. Lá, declaramos: o Brasil foi um país de imigrantes, construído pela imigração, portanto, se houver refugiados, nós vamos acolhê-los sob o foco humanitário, visando à integração, na medida em que, se refugiados forem em um dado momento, em outro momento podem integrar-se à nacionalidade brasileira, e foi o que fizemos. Você tem razão, eu não vejo nenhuma ONG, nenhuma organização: que coisa boa que o Brasil está fazendo, não é? Eu tenho impressão de que certas organizações desta natureza têm um viés ideológico e, tendo esse viés ideológico e não humanitário, agem pela ideologia e não pela parte humanitária.

Por esta razão, acho que algumas não se manifestaram, embora eu tenha estado duas vezes em Roraima e a ONU, por meio de órgão próprio, tenha elogiado substancialmente tudo o que nós fizemos pelos refugiados venezuelanos.

Presidente, o assassinato covarde da estudante brasileira, Raynéia Gabrielle, criou um incidente diplomático entre os dois países, Brasil e Nicarágua. Como o senhor está atuando neste processo?

Olha, no caso, eu estava no México com o chanceler Aloysio Nunes. Conversei com ele, imediatamente soltou uma nota do Itamaraty, tendo mandado chamar a nossa embaixadora na Nicarágua. Ademais, pediu satisfações ao governo nicaraguense e estas rápidas providências, parece, geraram uma investigação muito veloz. Neste momento, fala-se que já há pessoas detidas sob o fundamento de que teriam sido os autores do disparo que vitimou a brasileira. É um fato lamentável, não poderíamos ficar em silêncio.

O senhor tem tempo, Presidente, de concluir os projetos de que o Brasil precisa? O senhor tem, neste momento, ainda cinco meses, o que o senhor espera que pode ser feito nestes cinco meses de mandato?

Olhe, eu tenho, digamos assim, mais ou menos 26 meses de governo, logo 5 meses significam uma quarta/quinta parte aproximadamente. Logo, podemos ainda fazer muito se tivermos o apoio do Congresso Nacional. Temos tido este apoio. Nestes últimos tempos, o Congresso, com quem tenho conversado permanentemente, com o Presidente da Câmara, o Presidente do Senado, os líderes, têm aprovado coisas fundamentais, como o cadastro positivo, a duplicata eletrônica, a questão das distribuidoras de energia e outros tantos projetos. Vamos continuar trabalhando, sem embargo do clima eleitoral. Você sabe que, em período eleitoral, o Congresso funciona menos, pois os parlamentares dedicam-se às suas reeleições.

O senhor optou pelo sucesso do Brasil em detrimento de sua popularidade...

Eu acho que fiz uma opção, porque, interessante, no Brasil, se você quiser ter o agrado do povo, você toma medidas populistas; por exemplo, vamos gastar tudo o que puder, não se incomode com o que vai arrecadar, com o que arrecada, vamos gastar, causando, evidentemente, um grande desastre amanhã. Eu optei pela responsabilidade, pelo amanhã, optei pela ordem geradora do progresso. Equivocadamente, muitas pessoas pensam que quando você assume o poder, em pouco tempo resolve todos os problemas. Não é assim não, pois problemas como os nossos, você resolve aos poucos, você precisa de muitos anos. Maledicências não faltam tampouco neste percurso. Pretendem, por exemplo, atribuir-me a responsabilidade por 13 milhões de desempregados, quando isto nada mais é do que a herança recebida. E estamos reduzindo este número, apesar de todas as dificuldades.

Nem tudo na vida de um Presidente é fácil. Notícias ruins abundam e, algumas, são mesmo chocantes. Por exemplo, como o senhor recebeu a notícia da queda do avião da Chapecoense? Como foi este momento?

Eu estava no Palácio do Planalto quando recebi a notícia. Foi um momento de muita tristeza, até porque as imagens transmitidas pela televisão, pelo noticiário de rádio, davam conta do sofrimento especialmente das famílias e da família Chapecoense em geral. Digo da família Chapecoense, porque ultrapassava os laços familiares, tendo toda a cidade se enlutado. Fui testemunha disto. Quando os corpos chegaram, em um dia de muita chuva, pensei: devem ser as lágrimas do céu. Era uma chuva enorme, ficamos todos molhados, mas eram lágrimas do céu em função deste tristíssimo episódio.

Como que o senhor soube da notícia do assassinato de Marielle? Inclusive, o senhor teve contato com os pais dela em um evento, como foi isso?

Eu estava também no Palácio e lá soube deste assassinato. Logo em seguida, fui até o Rio de Janeiro para uma reunião com o General Braga Netto e o Secretário de Segurança dele, o General Richard, quando me deram várias explicações. Claro que a investigação era sigilosa, mas me deram várias informações naquele momento, sendo que as investigações prosseguem até agora. Espero que sejam logo exitosas. Evidentemente, este fato teve uma repercussão também internacional. Trago aqui um fato importante da diplomacia. Os formandos do Itamaraty – eu sempre compareço quando eles recebem o seu grau de diplomata – deram o nome Marielle à turma e os pais dela estiveram lá durante o almoço, quando conversamos muito. É uma gente muito delicada, religiosa, que agradeceu o que estávamos fazendo. Naturalmente sofriam muito e eu dizia: se Deus chamou a sua filha, deve ser para uma missão, lamentavelmente é isso, mas nós aqui estamos empenhados em descobrir o que aconteceu efetivamente.[2]

Uma outra notícia que surpreendeu a todos aqui no Brasil foi a da questão da autogravação, da autoincriminação dos seus delatores. O senhor parece que estava fora do Brasil quando veio a entrevista do Janot, pedindo a prisão de Joesley, Saud e do Procurador Marcelo Miller. Como é que o senhor recebeu essa notícia? Qual o foi o seu sentimento?

Seis horas da manhã na China quando os Deputados que me acompanhavam foram bater na minha porta para me transmitir a notícia. Eu declarei: consolidou-se aquilo que eu tinha dito lá atrás. Foi a mão de Deus, não é? Se autogravaram para dizer aquelas barbaridades. Pelo menos, uma parte da justiça foi feita com a prisão deles, embora a outra parte, relativa à minha imagem, continuou a me prejudicar. O dano foi irreversível!

Presidente, todos os governantes quando chegam ao poder trocam o nome dos programas sociais, programas de

---
2. Até o presente momento (abril de 2020), desconhece-se quem seja (m) o (s) mandante(s) do crime que ceifou a vida da vereadora Marielle Franco, do Rio de Janeiro. A investigação foi feita pela Polícia Civil e Gaeco.

obras, nomeando-os diferentemente, o senhor não. Bolsa-Família, Minha Casa Minha Vida, Luz Para Todos, Prouni, Fies. Pode-se dizer que, manter as marcas de programas sociais de governos anteriores é a sua marca?

Até espero que isso sirva de exemplo para nossa cultura política. Mudar simplesmente os programas anteriores somente para aparecer é um grande equívoco. Se o programa é bom, você tem de prosseguir. Assim foi com o Bolsa-Família, com o Minha Casa Minha Vida, que eram programas de natureza existencial importantes. A única inovação que nós fizemos foi dar aumento, pois quando cheguei ao poder, há praticamente dois anos os valores eram os mesmos. Dei um aumento acima da inflação em um primeiro momento e, mais recentemente, dei novo aumento também acima da inflação. Entretanto, você não pode permanentemente ficar no Bolsa Família, porque isto não é inclusão social, mas proteção de vulneráveis, algo corretíssimo, mas insuficiente, pois você deveria passar para uma nova etapa, a do "Progredir". Graças ao apoio empresarial, contratamos, por intermédio do Ministério do Desenvolvimento Social, milhares de jovens, filhos de bolsistas-família, primeiro ponto. Segundo ponto, nós criamos um crédito de 3 bilhões de reais para pessoas que ganham menos de 500 ou 400 reais, um bolsista- família em geral...para ele instalar um pequeno negócio, uma cabeleireira, enfim, carro de pipoca, o que seja não é? Estes 3 bilhões geraram 1 milhão e 100 mil empréstimos, tanto foi assim que, quando acabaram os 3 bilhões, abri mais um crédito de 4 bilhões de reais para o mesmo sistema. Se 3 bilhões resultou em 1 milhão e 100 empréstimos, 4 bilhões resultará em 1 milhão e meio, 1 milhão e 800 de empréstimos, perfazendo quase 4 milhões de pessoas atendidas. Para incluir socialmente, você precisa fazer progredir. Daí o novo nome: "Progredir", que é uma sequência do Bolsa-Família.

O senhor está falando de 3 bilhões de reais, o mesmo valor investido agora no satélite para oferecer banda larga para todo o Brasil. Com 3.500 municípios, 95% do País vai ser então atendido; essa também era uma preocupação sua?

Sem dúvida alguma. É a instalação dos chamados "satélites geoestacionários". Há apenas alguns momentos, estive em uma reunião patrocinada pelo Ministro Kassab, com cerca de quase 150 cientistas, uma espécie de conselho científico que se reúne regularmente. Presidi esta reunião hoje, quando foram elencadas as principais medidas tomadas a respeito. Houve a exibição de um vídeo, filmado em Pacaraima, uma cidade de Roraima, próxima à fronteira com a Venezuela. Via-se um menino que estava na internet, já recebendo banda larga na escola, a professora explicando como são as coisas, populares dizendo do avanço. Há projetos na área científica extraordinários, o Marco Legal, por exemplo, da internet foi uma coisa deste ano, tendo feito que uma das cientistas presentes disse: olhe, nós estávamos esperando isto há 30 anos, desde a Constituinte de 1988, e só agora conseguimos. Foram marcas também do nosso Governo.

E o Rio São Francisco? O senhor entregou o eixo leste. E o norte, como está?

Então, já entregamos o eixo leste que leva água para Pernambuco e Paraíba. Você vê que acabou a história de dizer que está faltando água em Campina Grande, na Paraíba. E agora nós vamos inaugurar, daqui a alguns dias, o eixo norte que leva água para uma parte de Pernambuco e para o Ceará. Fortaleza, hoje, tem um açude, o do Castanhão, que está praticamente seco; logo, ele estará inteiramente cheio, pleno de água levada pela transposição. E eu reconheço que a transposição começou lá atrás, há mais de 15 anos, mas nós demos um grande passo, porque a obra estava praticamente paralisada quando resolvemos investir lá. Estamos também vitalizando a Bacia de Tocantins, que fornece água para o Rio São Francisco. Estamos fazendo progredir enormemente toda esta região.

Termina esse ano?

Se Deus quiser.

Presidente, há alguns temas que são poucos divulgados, pouco comentados, por exemplo, a titularização dos assentamentos da Reforma Agrária; o senhor ampliou em mais de dez vezes. Como foi isso?

Em primeiro lugar, você sabe que nós nos surpreendemos com as circunstâncias de que muitos assentados não tinham o título de posse, na verdade, de propriedade de suas áreas. Decidimos enfrentar este problema e o resultado consiste na distribuição de títulos de propriedade em volume imensamente superior a tudo o que tinha sido feito. Mais de 259 mil títulos.

E questão do meio ambiente?

No que toca à questão do meio ambiente, neste último ano, reduzimos em 12% o desmatamento da Amazônia, o que é um percentual significativo. Em segundo lugar, criamos, em torno das Ilhas de São Pedro, São Paulo e Trindade, uma área oceânica de preservação marinha, correspondente aos Estados da França e Alemanha somados. É a maior reserva marinha do mundo. Ademais, ampliamos em quase 4 vezes a área de preservação da Chapada dos Veadeiros. É importante a sua pergunta, porque me permite ressaltar tudo o que fizemos pelo meio ambiente em meu curto governo. O Ministro Zequinha Sarney trouxe-me a seguinte comparação: em comparação com os governos passados, fizemos muito mais em um curto período de tempo.

No que diz respeito à agricultura, as duas maiores safras agrícolas situam-se justamente nesses seus dois anos de governo. De onde vem, no seu entender, a explicação de que tais safras tenham ocorrido exatamente no seu governo?

Logo que cheguei ao governo, verifiquei que a agricultura e a pecuária, o agronegócio em geral, poderiam ser os sustentáculos do nosso PIB, primeiro ponto. Segundo ponto, escolhi como Ministro Blairo Maggi, alguém que é da área, alguém que a conhece profundamente. Terceiro ponto: os financiamentos. O Banco do Brasil financia a chamada "safra agrícola", mas não apenas a safra agrícola dos grandes proprietários, mas, também, a dos pequenos proprietários e a dos agricultores familiares. Isto deu um impulso extraordinário à agricultura e à pecuária, reconhecidas, hoje, internacionalmente. Conseguimos conciliar agricultura e meio ambiente. O Brasil preserva mais de 60% de sua vegetação nativa, caso único no mundo. Há, sim, muita campanha internacional contra nós e, como você pode constatar, por más razões. O mundo precisa de alimentos para a sobrevivência de sua população e nós contribuímos decisivamente para que isto ocorra. Ainda recentemente, estando com os Presidentes do BRICS, Presidente Putin, da Rússia, Presidente Xi Jinping, da China, aproveitei a ocasião para enfatizar a necessidade de ampliarmos as nossas cotas de frango, carne suína, carne bovina, açúcar e soja. No caso da China, especialmente, eu tratei muito deste assunto. Este país compra grãos de soja, mas nós queremos vender óleo de soja e farelo de soja, de maior valor agregado. Isto significa industrializar a soja, criando mais renda e emprego aqui no Brasil. Quando o grão vai para lá *in natura*, o emprego é criado em outro país, com a industrialização consequente destes produtos. O Presidente Xi Jinping, sempre muito atento com nosso país, prometeu examinar esse assunto com muito interesse.

Esta sua relação com o Presidente da Rússia e com o da China foi de utilidade no momento da crise da famosa carne fraca?

Certamente. Vou lhe dar um exemplo. Preliminarmente, ressaltemos que foi uma atitude muito irresponsável que presidiu todo este episódio, pois foi uma espécie de acusação que não foi levada adiante. Verificou-se que o problema residia em apenas um frigorífico, na verdade, uma parte deste frigorífico, tendo sido, porém, apresentado como se fosse um problema geral do país. No dia em que este assunto foi publicado, em um sábado se não me engano. No domingo, chamei o Ministro Blairo. Fizemos imediatamente uma reunião com os embaixadores dos países que compram estes produtos do Brasil. Explicamos devidamente todo o ocorrido e até terminamos confraternizando em um churrasco, saboreando a carne. A China não só não cessou as suas compras, como enviou uma mensagem de alta consideração para com nosso país.

Presidente, as pessoas têm muita curiosidade em saber de sua relação com alguns dos ex-Presidentes do país. Você tem algum fato interessante, por exemplo, com o Presidente Tancredo Neves, o senhor o conhecia?

Conheci, mas não tinha nenhuma intimidade, confesso. Eu me lembro bem dele quando foi visitar o Governador Montoro, já como pré-candidato a Presidente, em eleição era indireta, pelo Congresso Nacional. Eu o conheci, assim, rapidamente, sem maiores contatos. Estava em campanha contra o Paulo Maluf. Tive também um contato superficial com ele no tempo da campanha pelas "Diretas já", em comícios. Após a sua morte, Sarney Presidente, solicitei-lhe uma audiência enquanto Deputado calouro, de primeiro mandato. Montoro sempre me incentivava: vá visitar o Sarney, conversa um pouco com ele. Quando o encontrei, disse-me: o Montoro fala muito de você (risos). Respondi: pois é Presidente, foi ele que me sugeriu que viesse aqui. Aprendi uma coisa com o Sarney naquele dia. Embora Deputado de primeiro mandato, ele me fez sentir como se eu fosse a pessoa mais importante do mundo. Naquele momento, vi-me como uma figura exponencial, algo totalmente inesperado. Trata-se de uma coisa que eu tento sempre transmitir para as pessoas em geral, algo que aprendi com o Sarney. Posteriormente, com o Presidente Collor, eu tive pouco contato. Tive sim muito contato com o seu Ministro da Justiça, o Bernardo Cabral, que tinha sido relator da Constituinte, quando trabalhamos juntos.

Mas, no caso do Presidente Collor, o senhor se lembra do confisco da poupança? Qual foi a sua reação naquele momento?

Todos ficamos assustados, embora achássemos que aquilo era para o bem do País. Recordo-me, nos primeiros momentos, apesar do desespero de alguns, de que havia uma certa consciência nacional; de que estaríamos resolvendo os problemas do país. Posteriormente, ocorreu o impedimento do Presidente Collor e a assunção de Itamar Franco como presidente. Tive algum contato com ele, porém também superficial. Só chegamos a estreitar relações após sua saída da Presidência, quando veio para o PMDB.

Saindo o Presidente Itamar, veio o Presidente Fernando Henrique, vitorioso graças ao Plano Real.

Tive muito contato com ele. Deveu-se a sua vitória ao Plano Real. Fui líder do PMDB no seu Governo, sendo ele muito atento com suas relações com o Congresso. Colaborei bastante e, logo depois, fui eleito Presidente da Câmara dos Deputados, quando se intensificaram nossos contatos.

Essa liderança sua foi disputada ou o senhor foi unanimidade?

Foi disputada. Havia colegas da melhor estirpe, o João Almeida, da Bahia; até quero fazer um elogio aqui, e o Zaire Resende, de Minas, extraordinários os dois. Disputamos fraternalmente e acabei sendo eleito, tendo sido, após, apoiado pelos dois.

Foi no governo Fernando Henrique que o senhor se tornou Presidente, pela primeira vez, da Câmara dos Deputados?

Pela primeira vez, em 1997/1998 e, depois, renovei mandato, 1999/2000. Tudo no Governo Fernando Henrique. Posteriormente, foi eleito o Aécio Neves Presidente da Câmara, para o período 2001/2002, e, após, veio o Presidente Lula, estando eu na oposição, onde fiquei por vários anos. Aliás, de vez em quando, vou tomar a liberdade de dizer isso (risos), diziam: porque o Temer desde 1998 explora o porto de Santos. Imagine você, eu fiquei anos e anos na oposição, não tinha nem condições de ter nenhum cargo, nenhuma função, mas a maldade não tem limites. Eles são incapazes de fazer uma análise isenta, serena, principalmente pelo fato de ter sido por vários anos oposição ao Governo do PT. Quando do governo Dilma, fui então indicado para vice-Presidente da República.

Como foi o acordo que o PMDB teria feito com o ex-Ministro José Dirceu e que não teria sido mantido pelo ex-Presidente Lula? Como foi essa passagem?

É verdade! Foi o que nos afastou naquele período, porque o Lula foi eleito e queria trazer o PMDB; então, o José Dirceu, que era Chefe da Casa Civil, foi me procurar no Partido, fez um acordo, interessante. Até me recordo bem, Integração Nacional com o Ministro Eunício de Oliveira, Minas e Energia com o Pedro Simon, tendo ficado tudo "acertadinho". O Ministro José Dirceu deu entrevistas para a imprensa. Lá pelas onze da noite, porém, ele me liga e diz: Temer, você me desculpe, mas o Presidente Lula tinha convidado outra pessoa para Minas e Energia, não vai dar pra fazer esse acordo. Eu disse: lamento, paciência, não tem problema.

Sem o PMDB nasce o mensalão?

Possivelmente. E daí o PMDB não ficou no Governo e foi quando o Presidente Lula trouxe a ex-Presidente Dilma para Minas e Energia.

Quer dizer que o PMDB entra no Governo Lula na hora em que eles precisavam das votações para o Bolsa-Família, Luz Pra Todos, os programas sociais?

Mas já foi no segundo governo dele. No primeiro não. Nesse nós ficamos de fora, pelo menos uma parte do PMDB. Éramos oposição.

Na totalidade, o PMDB só foi no segundo Governo Lula.

No segundo Governo Lula. Talvez em meados do segundo Governo, um ano depois, uma coisa assim.

Aí chega ao governo a Presidente Dilma ...

A Presidente Dilma já comigo na vice. Eu entrei na vice achando que ia me aposentar e não deu!

E como foi a relação com a Presidente Dilma?

Era uma relação formal. Eu não posso dizer que ela me tratava mal, mas não era uma relação de Presidente a Vice incumbidos do País. Ela me tratava com certa formalidade e eu já sou, naturalmente, meio cerimonioso, então a formalidade crescia. Não tive uma presença efetiva no Governo, aliás, para ser franco, quase nenhuma presença.

O senhor chegou a mandar uma carta para ela a respeito?

Cheguei, até me rotulei de vice-decorativo! (risos). Sou muito afeito a cartas, porque, às vezes, você quer conversar com a pessoa e ela te interrompe não é? Se você manda uma carta, você diz tudo o que tem a dizer na carta. Produziu muita gozação, até reconheço! (risos) Era a verdade.

E era o que o senhor estava sentindo também, não é?

O que eu sentia era o que as pessoas sabiam, o que era pior, não é?

O senhor falou há pouco sobre a questão dos Portos. Três palavras vieram a fazer parte da mídia: "Rodrimar", "Libra" e, agora, "Votorantim". Qual é a sua relação com a Rodrimar, Presidente?

Nenhuma. Interessante, eu conheci o Diretor-presidente da Rodrimar em um evento social em Santos, um cidadão chamado senhor Armênio, que, lamentavelmente, veio a falecer. Ele tinha muitas relações e, um dia, me convidou insistentemente para que eu fosse ao aniversário dele, em Santos. Dei um "pulo" lá para cumprimentá-lo, fiquei meia hora, quando, então, conheci o diretor da Rodrimar, que, depois, esteve comigo numa ocasião na vice-Presidência. Mas era uma relação, digamos formal, de igual maneira que com os demais do Porto. Tudo derivava do fato de que, quando no Governo Fernando Henrique, se buscou nomear alguém para o porto, a bancada federal, naquele tempo 14 Deputados do PMDB, havia indicado um nome a ser submetido ao Presidente. Esse chamou-me e disse: olhe, estou indicando fulano de tal para o porto, você conhece, você está de acordo (eu era líder)? Disse: olhe, vou fazer o seguinte, vou reunir a bancada e verificar se é esse nome mesmo. Reuni, era esse o nome, voltei e disse: pode nomear que é ele. E aí ficou creditado a mim, como se eu o tivesse nomeado, quando, na verdade, não tinha tido apenas nenhuma objeção.

A questão do porto está sendo conduzida de uma forma muito equivocada, lamentavelmente, não é? Foi parar no Judiciário, ao fundamento de que, imagine você, eu teria editado um decreto para beneficiar essa empresa Rodrimar, ou seja, eu teria assumido o Governo e colocado toda a minha força, o meu coração, os meus músculos, a minha mente, o meu raciocínio para produzir um decreto que beneficiasse uma empresa. Ora, qual foi a primeira consequência disso? Fomos verificar quando surgiu a história de que "foi feito pra beneficiar a Rodrimar", "o que aconteceu com a Rodrimar". Foi uma das únicas empresas não alcançadas pelo decreto, você percebe? Ela não teve nenhum benefício com o decreto! Quando os tais de investigadores perceberam isto, recorreram a um subterfúgio, contrário ao Direito Penal, a saber, passaram a não investigar o fato, a Rodrimar, a Libra, a Votorantim, mas o próprio Presidente da República! Foram ver um inquérito de 1988, que já tinha sido arquivado duas vezes, imagine! O resultado é que não conseguiram concluir o inquérito até hoje, sempre o prorrogando no vazio. Não se aplica mais o Direito, o que se aplica é o seguinte: vamos ver quem vai ganhar. Você percebe? "Então, se o Temer está dizendo isso, eu vou tentar provar, vou atrás até conseguir alguma coisa". Lamento dizer, mas eu não posso me conter em relação a isso. Não é por mim não! É quando eu vejo o Direito ser jogado às traças, preocupo-me com os destinos do país. Quando você tem uma portaria investigatória, o que você deveria fazer é o seguinte: bom, aqui não tem nada, eu vou encerrar essa portaria,[3] vou encerrar esse inquérito, posso até abrir outro inquérito, com outra portaria, mas eu não posso investigar pessoas, eu investigo fatos.

Mas voltando a alguns nomes, Presidente. O senhor conviveu com Luís Eduardo Magalhães, com o seu pai Antônio Carlos Magalhães (ACM), que era uma figura de relevo.

Muito, muito. Você sabe que o Luís Eduardo era uma figura de uma ponderação extraordinária e eu o substituí na Presidência da Câmara dos Deputados, sendo, por ele, apoiado. Interessante, um dia, ele era mais jovem que eu, fui conversar com ele: Luís, estou preocupado com isto aqui; ele respondeu: Temer, conheço bem a Casa e ela vai votar naquele que os Deputados acharem que podem representá-los melhor. Fique tranquilo que você vai ser eleito. Tinha muita sabedoria política. Com o pai dele, o Senador Antônio Carlos Magalhães, eu tive muito contato, porque nós fomos conjuntamente, concomitantemente, Presidente da Câmara e Presidente do Senado, duas vezes. Ele também foi reeleito Presidente em 2000. Era um líder, ao estilo dele, forte, firme, muito prestígio na Bahia. Foi nesta época que criamos a TV Câmara e a TV Senado.

E nosso Vice-Presidente Marco Maciel?

Tive contato com ele, era um intelectual. Você sabe que ele escreveu muitos artigos sobre a Federação brasileira, por exemplo,

---

3. Portaria é o nome técnico dado a uma das formas de início de inquérito (procedimento investigativo). O inquérito é utilizado (ou deveria) para investigar fatos.

que eram objetos meus de admiração? Sempre foi, além de político, um intelectual da área do Direito Público, tendo auxiliado muito o Presidente Fernando Henrique. Quantas e quantas vezes, ele foi à minha casa e à Câmara dos Deputados para resolver questões intrincadas em relação a certos projetos de interesse do Governo. É uma bela figura, uma figura que honra a vida pública brasileira, não tenho a menor dúvida.

E dos peemedebistas, Presidente, o senhor teve muito contato com Quércia, Jader Barbalho, Zé Inácio, Pedro Simon. O Brossard foi também do partido.

Foi. Foi. Sempre tive bom contato com todos, você sabe que o meu jeito é um jeito de equilíbrio, de moderação. Talvez não tenha grandes amigos, mas não tenho grandes inimigos, não é? E, no caso do PMDB, havia lá muitas correntes e eu sempre me dei bem com todas; aliás, eu presidi o partido por quinze anos entre vários afastamentos e licenciamentos. Algumas vezes, nem queria disputar, mas as lideranças vinham para mim e diziam: Temer, você precisa continuar, porque se você não o fizer, aparecerão 7/8 candidatos; é melhor você ficar, você dá uma certa unidade ao partido. O Quércia, de São Paulo, muitas vezes se opôs a mim, eu, também, me opus a ele, mas era um ótimo político. Um dia combinamos: Quércia, você cuida de São Paulo e eu cuido da área federal. Então, eu o ajudava em São Paulo e ele me ajudava na área federal e acertamos assim os ponteiros. Foi um grande Governador. Você sabe que ele saiu do Governo com um índice extraordinário de apoio popular e seria um candidato natural à Presidência da República. Interessante, naquela oportunidade, não quis deixar o governo estadual, só se candidatando à Presidência quatro anos depois, quando já não era o seu momento. Política é momento, é oportunidade não é?

O Iris Rezende, o senhor teve também contato?

Muito contato. O Iris, eu diria que se tornou meu grande amigo, até hoje. A dona Iris também, tendo sido minha vice-presidente no Partido. O Iris é uma liderança ainda, você veja que, agora, é prefeito novamente em Goiânia e com um trabalho admirável.

E com Jarbas Vasconcelos, o senhor tem também uma relação boa?

Muito boa, uma ou outra divergência, aquelas divergências internas do PMDB, mas jamais uma divergência incontornável, todas elas contornáveis.

E com a figura do Senador Roberto Requião?

Figura interessante o Roberto, inteligente. Um dia disse a ele: se você não fosse tão briguento, você poderia ser candidato à Presidência da República pelo PMDB. Você é inteligente, tem muita desenvoltura, tem uma boa estampa, tudo isso colabora. E até houve momentos em que ele me apoiou, outros em que me contestou. Na última eleição para a Presidência do partido, ele me apoiou. Foi sempre de uma delicadeza institucional muito grande. Você sabe que, em uma ocasião em que ele apoiava um outro candidato para presidência do PMDB, eu fui anunciar a ele a minha própria candidatura, dizendo: não quero incomodar. Ele era Governador. Disse: não senhor, você não incomoda, você é peemedebista, vou recebê-lo aqui e reunir o partido. Ele não só reuniu o PMDB, embora não votasse em mim naquela oportunidade, como, depois, me levou pra jantar, sempre muito delicado institucionalmente. Neste momento, até acho que está contra mim, mas ele já me auxiliou em muitas outras oportunidades.

Presidente, com Renan Calheiros, qual é a sua relação?

Interessante, esse é de idas e vindas, não é?! Ele, muitas vezes, está a meu favor, outras não. Até compreendo, pois ele tem muitos interesses locais; agora, apoia a candidatura petista em Alagoas, onde o ex-Presidente tem muito prestígio. Então ele se insurge contra mim, deliberadamente. Se você perguntar se ele tem razões objetivas para isto, a minha resposta é não! Não tem! Pelo contrário, ele mesmo já declarou, em várias oportunidades, em momentos difíceis da vida dele, que eu colaborei para não só salvar o mandato dele, como até no plano pessoal. Agora, ele é daqueles políticos que veem qual é o momento, qual é a oportunidade e o que você deve fazer então. Neste momento, ele diz: olha, é melhor eu estar contra o Presidente. Ele termina até por exagerar nas palavras, mas eu jamais baixo o nível, eu prefiro ficar num nível um pouco mais elevado.

Quem reconhece a sua ajuda na vida toda política é o Presidente do Senado Eunício de Oliveira.

Eunício sempre foi meu companheiro, tanto que ele é o tesoureiro do PMDB desde a primeira vez que fui Presidente do partido. Sempre foi meu companheiro.

Já para surpresa da classe política, já que estamos falando de eleição, o candidato Geraldo Alckmin foi extremamente beneficiado por sua ação, aparentemente ajudando-o a formar uma das maiores alianças da história de eleições majoritárias. Tem seu dedo aí, Presidente?

Olhe, digamos que os partidos da base aliada, sem que eu lhes dissesse expressamente, tiveram a sabedoria de perceber que não poderiam apoiar um candidato que critica o Governo, que o critica acidamente. Então, eles tiveram essa sabedoria e resolveram apoiar o Geraldo Alckmin. Se isto é ter um dedo meu, muito bem, mas só nesse ponto.

Com relação ao então ao candidato do MDB. Como é a convivência com Henrique Meirelles? Como está se mostrando como candidato do partido?

Muito bem, viu?! Quando escolhi o Meirelles para Ministro, eu já tinha contato com ele há muito tempo e eu sabia que ele iria constituir uma equipe da melhor estirpe, do melhor nível, como, de fato fez. Ele me trazia os nomes, eu os aprovava e foi, assim, que ele ajudou, salvou a economia brasileira. Eis por que, como acabei de dizer, o Brasil precisa votar em projetos, no caso, o projeto de continuidade dos temas governamentais. Se você romper as conquistas que foram feitas nesses dois anos, teremos um retrocesso. O Meirelles significa progresso, continuidade de quem tem experiência. Dirigiu uma das maiores instituições bancárias do mundo, com sucesso. Serviu ao Governo Lula na Presidência do Banco Central e ajudou "à beça" o Governo naquela ocasião. Pôs a economia nos trilhos. Trata-se de um trabalho permanente. Logo, o Meirelles é um candidato que tem o que dizer, ele pode ir ao palanque e declarar: olha, fizemos isso, isso, isso e precisamos continuar com estes projetos sob pena do Brasil retroceder.

Qual o seu sentimento, qual a sua impressão da candidatura de Jair Bolsonaro, Presidente?

Olha, o Bolsonaro, ele catalisa, digamos assim, uma parte da insurgência nacional, não é verdade? Eu acho que é isto que ele faz. Ele foi meu colega na Câmara dos Deputados, sempre manteve uma relação muito cordial comigo, sendo eu o Presidente da Câmara, uma relação cordialíssima. Não tenho nenhuma objeção à conduta pessoal e política dele e acho que ele, volto a dizer, catalisa a insatisfação nacional; as pessoas querem outro tipo de atividade administrativa, política, especialmente na área de segurança pública.

Em visita a abrigo de refugiados venezuelanos em Roraima.

Em conversa animada com o então Ministro da Agricultura, Pecuária e Abastecimento Blairo Maggi, durante a Abertura da Colheita do Algodão.

Discursando na cerimônia de inauguração do eixo leste da Transposição do Rio São Francisco.

Capítulo 4

POLÍTICA INTERNACIONAL
RELAÇÕES INTERNACIONAIS
REFLEXOS NA ECONOMIA NACIONAL

Capítulo 4
POLÍTICA INTERNACIONAL
RELAÇÕES INTERNACIONAIS
REFLEXOS NA ECONOMIA NACIONAL

Gostaria de começar, hoje, com uma pergunta relativa à política internacional do seu governo. O Brasil, historicamente é um País fechado, até do ponto de vista comercial. O senhor buscou um protagonismo do país na esfera internacional. Em conversas privadas, o senhor tem me dito o seguinte: o Brasil é muito apreciado lá fora e muito vilipendiado aqui dentro. É como se os brasileiros não gostassem do país e os estrangeiros tivessem estima por nós. Quais foram as suas conquistas na área diplomática?

Olha, sua primeira afirmação é absolutamente verdadeira. Eu tenho participado de muitos encontros internacionais desde o momento em que assumi a Presidência da República e eu verifico exatamente isto. Interessante como as pessoas lá fora têm uma consideração extraordinária pelo Brasil, especialmente pelo que aconteceu nesses últimos dois anos e pouco. Querem, naturalmente, investir em nosso país. De vez em quando, até dizem: o Brasil perdeu a sua natural inserção internacional. Não! Não é verdade. Olha, eu dou alguns exemplos do que tenho repetidamente feito. A nossa Constituição estabelece que se deveria fazer uma aliança, uma união latino-americana de nações. Isto está sendo precisamente feito em meu governo. Há pouco tempo, fui à Cúpula das Américas, em Lima, e lá conversei com os Presidentes Piñera e Peña Nieto, que fazem parte da Aliança do Pacífico. Ponderei que deveríamos fazer uma parceria do Mercosul com a Aliança do Pacífico, devendo todos trabalharmos juntos. Não houve dúvidas a respeito. Logo, o Presidente Penã Nieto mandou me ligar, dizendo que tinha marcado uma reunião conjunta, até um pouco antes de outra reunião minha com os BRICS, em Joanesburgo, na África do Sul. Ele teve a delicadeza de antecipar o momento desse encontro para que eu pudesse cumprir os dois compromissos, ou seja, lá no México, em Puerto Vallarta, e, depois, em Joanesburgo. E, realmente, lá nós firmamos uma declaração conjunta, Mercosul e Aliança do Pacífico.

Por outro lado, eu não quero deixar de relembrar que há muito tempo se pleiteia uma aliança do Mercosul com a União Europeia, durante longos dezenove anos sem conclusão. Avançamos enormemente. Primeiro sob a presidência do Presidente Macri, e, na sequência, quando de minha presidência no Mercosul. Fiz muitas viagens internacionais, sempre cuidando dos interesses do Brasil. Dou um exemplo: a relação com os países da África, você sabe existe a CPLP, a Comissão dos Países de Língua Portuguesa, onde estão basicamente, Brasil, Portugal e os países da África, que falam naturalmente a língua portuguesa. Estas nossas relações foram muito incrementadas em duas ou três reuniões que fizemos da CPLP, sendo que, durante um ano, eu próprio presidi esta entidade. Devo registrar também que, nessa última viagem que fiz a Joanesburgo, nós acertamos para todo este ano a vinda para o Brasil de uma agência do Banco de Desenvolvimento do Brics, em São Paulo. Trata-se de uma entidade poderosa, trabalhando com bilhões e bilhões de dólares. Isto além do escritório regional em Brasília deste mesmo banco. Interessante, umas conversas que tivemos, uma delas até mais formal com o Presidente Xi Jinping, foi bilateral, para tratar da questão da carne que exportamos para a China, especialmente a carne de frango. Lá, soube uma coisa curiosa; houve uma sobretaxa em cima do frango exportado e sabe por quê? Porque o frango produzido lá na China é mais caro do que o frango brasileiro que lá chegava. Logo, para manter a concorrência em proveito da China, foi estabelecida esta sobretaxa. O Presidente Xi Jinping ficou de examinar o caso. Tratei também da questão já mencionada da industrialização da soja no

Brasil. Com o Presidente Putin, em conversa reservada igualmente, aproveitei para lhe agradecer o seu empenho para regularizar a importação de carnes do Brasil, pedido feito há um ano e meio.

O outro ponto é constituído por conquistas, digamos de natureza quase pessoal. Darei alguns exemplos. Na ONU, patrocinamos, na Comissão Interamericana de Direitos Humanos, a candidatura da doutora Flávia Piovesan e, olha, foi uma disputa complicadíssima porque havia vários países desejosos de ocupar este lugar. Vencemos a eleição. Na ONU, ainda, há uma representação internacional dos deficientes e nós lançamos a candidatura da Mara Gabrilli, Deputada Federal por São Paulo. Colocamos toda a estrutura do Itamaraty para auxiliar nessa tarefa, tendo ela sido eleita como representante internacional dos deficientes junto a esta organização. Em relação a Roberto Azevêdo que é diretor-presidente da Organização Mundial de Comércio, trabalhamos intensamente para que o mandato dele fosse renovado. O mesmo aconteceu com o professor Cançado Trindade, que pertence à Corte Internacional de Haia, tendo ele também sido reconduzido. Estou dando breves exemplos de como o Brasil é visto no plano internacional; se fosse malvisto, não teríamos renovado estes mandatos nem obtido os novos durante este período.

Chama-me particularmente atenção, em sua formulação, o papel particularmente ativo que foi imprimido à Diplomacia. O senhor se empenhou em uma diplomacia comercial, algo que vinha sendo desconsiderado nos governos anteriores, de viés claramente ideológico. Algo, aliás, usual, por exemplo, nos Estados Unidos, na França, na Alemanha e no Reino Unido. Uma diplomacia ideológica não coincide com os interesses do país, mas, sim, com os interesses partidários dos governantes. O que o senhor teria a dizer a respeito?

Você fez uma formulação muito adequada, porque, veja, ao mesmo tempo em que temos uma relação muito próspera com os países da África, com os países do BRICS, nós mantemos a mesma relação comercial fraterna com os Estados Unidos, por exemplo. Você sabe que, muito recentemente, antes da abertura do encontro da ONU, o Presidente Trump nos convidou a mim, ao Presidente Juan Manuel Santos, o do Panamá e ao Presidente Macri, da Argentina para um jantar, com o objetivo de discutirmos basicamente a questão da Venezuela. E no que diz respeito a esta questão, a relação dos governos petistas com este país foi de natureza ideológica.

Estamos pagando o preço até do ponto de vista financeiro, não é?

Claro, claro. A nossa relação, Brasil e Venezuela, é uma relação institucional, de Estado para Estado, agora se me perguntarem: mas você concorda com o que está acontecendo lá? Eu respondo que não, politicamente não concordamos, mantemos as relações institucionais e mais do que isso, como a Venezuela criou problemas internos, políticos que violaram a cláusula democrática do Mercosul, do Tratado de Ushuaia, ela não pôde ingressar definitivamente no Mercosul. Foi uma atitude conjunta que nós quatro do Mercosul tomamos. Quem não respeita as regras da democracia, não pode participar de uma união de países democráticos.

Agora, mantemos uma relação de tipo institucional. Quando o Presidente Trump colocou a questão da possibilidade de uma ação mais drástica em relação à Venezuela – não sei muito bem o que ele quis dizer com isto, podendo tratar-se de uma intervenção ou não – a resposta unânime foi negativa. E isto que estamos sofrendo as consequências do que acontece naquele país. São milhares de refugiados que vêm para o Brasil e vão para a Colômbia. Para o Panamá, por exemplo, nos foi dito pelo Presidente, vão os mais bem aquinhoados, de classe média e classe alta, não constituindo precisamente uma questão de refugiados. Os propriamente refugiados tiveram um tratamento humanitário muito adequado, tanto aqui como na Colômbia. Aliás, recentemente, um juiz lá de Roraima, tendo em vista um decreto da senhora Governadora que proibia, melhor dizendo, tinha mandado fechar as fronteiras da Venezuela com o Brasil, determinava que só quem tivesse passaporte poderia receber auxílio médico. Imagina! Se o sujeito é refugiado, tendo fugido a pé, vai trazer um passaporte para o Brasil! Então, nós tomamos imediatamente providências, já que desde o ano passado eu dizia que o fechamento de fronteira é incogitável, não fazendo parte das tradições de nosso País. A nossa Advogada Geral da União, a doutora Grace Mendonça, ingressou com medidas judiciais imediatamente e a Ministra Rosa Weber, a quem foi distribuído o processo, já declarou que não é possível fechar as nossas fronteiras.[1]

É um absurdo um Estado da federação fechar a sua fronteira, não é?

Não tem nem competência jurídica para isso.

Voltemos, então, às relações exteriores.

Incrementamos também a nossa relação com os EUA, tanto que recentemente recebemos a visita do Vice-presidente americano Mike Pence. Passamos o dia inteiro junto e aproveitamos para tratar vários temas relacionados à nossa conjuntura, Brasil e Estados Unidos. Durante este meu período de governo, universalizamos as nossas relações diplomáticas, não mais utilizando critérios ideológicos. Os resultados são visíveis. Os investimentos têm aumentado, mostrando uma aposta deles na economia nacional. Você sabe que um investidor privado não faz investimentos de longo e médio prazo se não tiver certeza do que vai acontecer logo ali adiante e os investimentos têm vindo por meio das concessões e privatizações que estamos realizando. É, portanto, importante que empresas estrangeiras venham para cá até para acoplar-se, quem sabe, a empresas nacionais e para continuarem a fazer o Brasil prosperar.

---

1. A impossibilidade de fechamento das fronteiras foi revista pela pandemia da Covid-19.

Como é a sua relação pessoal com o Presidente Trump? O senhor poderia discorrer um pouco sobre isso?

Eu tive dois telefonemas com ele, um deles logo após ele ter sido eleito. Nesta primeira vez, para cumprimentá-lo por sua eleição. Na ocasião, ele me disse: olhe, nós precisamos fazer cada vez melhor a integração dos empresários americanos com os brasileiros. Eu disse: claro, sem dúvida alguma. Dois ou três meses depois, ele pediu para um Secretário do seu Governo ligar para o embaixador Fred Arruda, que trabalha comigo. Telefonou-me novamente para tratar do mesmo tema, a saber, desta integração empresarial. Numa terceira ocasião, jantamos juntos, no dia anterior à abertura da Assembleia da ONU. Interessante, por tradição, o Brasil fala primeiro e, logo após, o Presidente dos EUA. Quando voltei à salinha contígua, saia ele dela para falar no Plenário. Aparentemente afetuoso, disse-me: Good job (Bom trabalho)! (risos). Não sei dizer se fiz um bom discurso, não é? Mas ele tentou, assim, fazer uma espécie de elogio.

Um gracejo elogioso...

Uma coisa simpática. E assim tem sido. Você sabe que eu tenho muitos contatos, por exemplo, com a comunidade islâmica, não com o Estado islâmico, pois esses só cometem atrocidades. Refiro-me a Estados muçulmanos em geral, árabes ou não, que adotam o islamismo como religião. Tenho também muito boas relações com Israel, tendo visitado este país. Fui recebido pelo Presidente de Israel e, após, fui naturalmente à Palestina. Numa das duas vezes que fui à ONU, penso ser no meu segundo pronunciamento, pediu-me uma reunião bilateral o Primeiro Ministro Netanyahu. Ela ocorreu no escritório diplomático do Brasil que mantemos lá em Nova Iorque. Foi uma conversa muito boa. Mostrou-me o que estava fazendo em Israel. Levou até um vídeo sabe?! Expôs o progresso da indústria de defesa em Israel, naturalmente com desejo de que nós nos acoplássemos a essa ideia, quem sabe comprando produtos de Israel. Estou relatando estes fatos para revelar essa universalidade da nossa diplomacia, que mantivemos firmemente. Você veja que ele foi falar comigo, sem embargo de, no discurso da ONU, eu ter mais uma vez reiterado aquilo que já é antigo para o Brasil, ou seja, a criação do Estado palestino ao lado do Estado de Israel. Faço aqui um comentário pessoal. A impressão que se tem de Netanyahu é a de uma pessoa carrancuda, mas, pelo contrário, é de uma simpatia, eu diria quase esfuziante. Foi uma conversa tão amena, tão suave e tão, digamos, produtiva comercialmente que eu disse: veja como é bom esta universalidade de pensamento que nós temos não é?!

Apenas um detalhe sobre esse último ponto. O senhor elogiou muito, em caráter reservado, aquela série da Netflix, Fauda (risos)...

Estou vendo...

A série pega muito bem tanto o lado palestino quanto o israelense.

(risos) Eu tenho até a impressão de que é uma série que visa a mostrar o lado humano das duas faces, a da Palestina e a de Israel, porque quando surgem problemas humanos, por exemplo, alguém que se acidenta lá do lado palestino não quer se tratar no lado de Israel e aí a pessoa de lá diz: olha, a sua filha não pode sair daqui, ela vai perder a visão... Qualquer coisa assim. Quer dizer, o lado humano! Os israelenses cuidando. E ele conta até quando tem essa conversa com a mãe da menina que foi vitima lá de uma bomba, uma coisa assim. Ele relata: pois é, quando eu estava com os meus filhos no deserto, seis filhos, um deles, o que eu mais gosto, foi mordido por uma cobra e eu, desesperado, o apanhei, fui correndo para um hospital árabe e um médico árabe o salvou. Eu tenho a impressão de que o objetivo dessa série consiste em mostrar o lado humano para dizer: olha aqui, vamos parar com essa coisa aí, vamos ver se todos se entendem não é? Como ocorre, aliás, no Brasil.

Presidente, o senhor poderia voltar um pouco sobre a recente visita do Vice-presidente americano?

Muito boa. Aliás, uma revista, há poucos dias, publicou uma notícia, dizendo que nós não teríamos apreciado o discurso que ele fez aqui em Brasília e que ele tentou um telefonema a mim, não tendo eu, em represália, o atendido. Você veja a falta de informação e a gravidade da falta de informação, porque eu mandei imediatamente atendê-lo quando soube.

O senhor está sendo muito bem acolhido pela imprensa brasileira em geral, não é?! (risos) A parte de fofoca é impressionante; de desinformação, mais ainda.

(risos) Você sabe que, na verdade, ele foi daqui a Manaus e, quando ele ia embarcar para os Estados Unidos, quis agradecer mais uma vez a mim a gentileza da recepção. Naquele momento, não estava no Gabinete e, logo, voltando, tentei ligar para ele, mas já estava no voo de volta para os Estados Unidos. Foi quando tomei conhecimento de que ele havia ligado para agradecer a gentileza da recepção! Aliás, você tocou num ponto importante, que é a defesa que faço da liberdade de imprensa, para mim algo fundamental. De vez em quando, as pessoas me veem como você acabou de dizer: Ah, mas os jornalistas, os editorialistas tratam muito mal a você. Eu digo: olha, uma coisa são as pessoas, outra coisa são as instituições. A instituição que defendo é a da liberdade de imprensa, não as pessoas enquanto tais, pois essas vão passar. O importante é que eu não fique com a marca de quem impediu a imprensa livre, pelo contrário, eu fico com a marca de quem prestigiou a imprensa livre, na convicção mais absoluta, dito aqui, em letras garrafais.

Agora, aqui entra um tópico curioso, que é o seguinte: nós defendemos a liberdade da imprensa como se fosse e é um valor fundamental para a democracia. Mas, interessante, a Constituição é uma pauta de valores, então, ao lado da chamada liberdade de imprensa, você tem a chamada liberdade de informação e uma coisa é diferente da outra. Quando se trata da liberdade de informação, o que se quer dizer é o seguinte: a informação que chega ao público, ao leitor, ao telespectador, ao ouvinte há de ser completa, por isto mesmo, mais adiante, a Constituição vai criar um mecanismo chamado direito de resposta. O que é o direito de resposta? Consiste em dizer que você vai responder à matéria para que a informação seja completa, você não vai combater a liberdade de imprensa, mas terá direito a uma informação completa. Curiosamente, eu não sei se as pessoas pensam dessa maneira, portanto, estou a dizer, a liberdade de informação inclui a liberdade de imprensa, mas a liberdade de informação é mais ampla do que ela. E, veja, o que é curioso, você, para obter muitas vezes um direito de resposta, precisa entrar com uma ação judicial, para o Judiciário determinar o que já está dito na Constituição. Se tivéssemos mais apreço pelo texto Constitucional, bastaria dizer assim: vamos cumprir a Constituição! Toda vez que alguém pedisse o direito de resposta, teria de ser dado, salvo se fosse uma barbaridade, aí sim, em face da barbaridade, o veículo seria obrigado a dizer "não vou publicar". Então veja, é interessante, como é bem montado o sistema Constitucional, se você tem a liberdade de imprensa, você tem a liberdade de informação, completa, correta, consequente: você precisa ter os dois lados.

Presidente, o senhor teve contato com dois Presidentes americanos, Trump e Obama. Como foi a sua relação com o Presidente Obama?

Eu era Vice-presidente quando o Presidente Obama veio visitar o Brasil...

Isso, o senhor era Vice-presidente.

E por ser Vice-presidente, naturalmente, sentou-se a senhora Presidente, o Presidente Obama e eu ao lado do Presidente americano. Esse me disse: olha, (veja como eles são bem informados) eu sei que você também é professor de Direito Constitucional!

■ *A Escolha* | Michel Temer

Por alguma razão eles são a primeira potência do mundo (risos)

(risos) Primeira potência do mundo. E eu disse: pois eu sou e sei que o senhor também é um brilhante professor de Direito Constitucional. Aliás, quando eu li o seu livro, "A Audácia da Esperança", verifiquei todos os seus conceitos, baseados na lei, no texto Constitucional. Ele disse: é verdade, eu escrevi este livro nesses termos. Ele acrescentou que apreciava muito dar as aulas de Direito Constitucional, o que eu também confirmei quanto a mim, não é? Foi uma relação muito oportuna naquele momento, em face desse tipo de conversa. Estive, também, em outros momentos com ele, ainda como vice-Presidente. Fui a dois encontros que tratavam do desarmamento nuclear e lá, interessante, muitos países, cada um tem aqueles três ou quatro minutos pra falar, disse muito rapidamente que aqui na América Latina nós temos um pacto antinuclear. Trata-se, não de uma política de governo, mas de Estado, porque, na Constituição, está dito que nós só podemos utilizar energia nuclear ou qualquer artefato nuclear para fins pacíficos, não os podendo usar para outras finalidades. E percebi que ele ouviu tudo com muita atenção. Quando saímos, no momento de tirarmos aquela foto oficial, ele me disse: olhe, gostei muito do seu discurso. Não tinha novidade nenhuma no meu discurso, meu discurso apenas dizia: a Constituição brasileira estabelece que as questões nucleares só poderão ser levadas adiante para fins pacíficos, para energia, para combater doença, para fazer exames etc., mas nunca pra fins bélicos. No final do ano passado, mandou-me um cartão de natal, com uma foto de sua família assinada por todos.

Presidente, o senhor teve uma viagem muito produtiva à Rússia. A sua relação, aliás, com o Presidente Putin, segundo alguns relatos até pessoais, é bastante boa. Ele deu uma atenção especial ao senhor e, neste sentido, ele deu bastante atenção ao Brasil, eis o ponto que interessa. O senhor poderia relatar um pouco como é que foi a sua estadia na Rússia? Curioso, imprensa brasileira deu uma cobertura

um pouco mitigada de sua chegada lá. O senhor não foi recebido no aeroporto por ele, mas, depois, o senhor foi convidado pessoalmente por ele para ir ao Bolshoi, tendo, então, passado várias horas com o senhor.

É, você sabe que é interessante, a imprensa tem lá suas manias, não é? Aliás, eu fiquei preocupado, porque como eu nunca fui receber nenhum Presidente aqui no aeroporto, o meu temor é que digam: o Presidente fulano veio pra cá e o Presidente do Brasil não foi esperá-lo. Não, não era do protocolo, não é do cerimonial, o Presidente recebe no Palácio em audiência pública, não é? Mas, particularmente neste caso, em que a imprensa quis fazer uma espécie de intriga, digamos assim, aconteceu o seguinte: eu cheguei em Moscou, cheguei às 15/16 horas e alguém me disse: tem um brasileiro que vai receber um prêmio do Balé Bolshoi. E eu disse: poxa, então talvez eu vá prestigiar o fato de um brasileiro receber este prêmio. Quando foi lá pelas 18 horas, eu me disse, interessante, estou muito cansado. Chamei o pessoal do meu protocolo e falei: olha, avisa que eu não vou, porque cheguei muito cansado por causa do fuso horário, aquela coisa. Responderam: agora não dá mais, porque o Presidente Putin soube que você ia e ele vai especialmente para estar ao seu lado.

Um ato de reconhecimento, de delicadeza extraordinária.

E daí eu fui, ele me recebeu com um coquetel., depois fomos lá para o camarote presidencial dele e verifiquei o quanto foi aplaudido. Até comentei: olha Presidente, o senhor está com muito prestígio, muito aplaudido por aqui. Ele disse: é, em alguns locais muito aplaudido, em outros vaiado (risos). Eu falei: bom, isto faz parte da vida pública. E depois, naturalmente, no dia seguinte, nós tivemos uma longa audiência, eu, ele, o Ministro Lavrov das Relações Exteriores e o Ministro Aloysio Nunes. Tivemos mais de uma hora e meia de conversa. Ele interessadíssimo em tudo do Brasil. Tem empresas lá... A Gazprom... E outras tantas que querem investir cada vez mais aqui em nosso País. Naquela ocasião, mostrou muito interesse pela transnordestina, depois fomos para um almoço e, à parte o almoço ser uma circunstância especial, coisa do Kremlin, maravilhosa, ele me disse: olhe, vou lhe dar um presente que deve lhe agradar muito e ao povo brasileiro. Mandei buscar, nos Estados Unidos (acho que comprou até), quatro cartas do Dom Pedro II para o Czar da Rússia. Mandei enquadrar as cartas manuscritas lá dos idos de 1860/70, estando, hoje, no Museu de Petrópolis. Veja a delicadeza dele! Houve outro ato, quando eu era Vice-presidente, ao presidir, função do Vice-presidente, a chamada "Comissão de Alto Nível de Cooperação Brasil-Rússia", e quando o Dmitri Medvedev era o Presidente da República e ele, Putin, Primeiro Ministro, presidindo pelo lado russo. Foi, aliás, uma das primeiras reuniões internacionais que tive e eu verifiquei que ele tinha umas vinte e cinco fichas e ia puxando uma ficha, outra ficha e outra ficha para ter os assuntos em mãos. Eu não tinha levado nada! Aí eu fui de boa memória gravando tudo que ele disse, tendo podido responder e conversar etc. Quando voltei ao Brasil, disse para o Itamaraty: reproduzam todas as fichas que foram apresentadas pelo Primeiro Ministro Putin!

A Rússia quer voltar a ter protagonismo internacional, não é? (risos) Como os americanos, eles também têm o seu sistema de informações bem estruturado.

Você sabe que estas fichas às quais estou aludindo ganharam, aqui no Itamaraty, o nome de "Fichas Putin" (risos). Assim as chamam toda vez que fazem este fichário para mim a propósito de vários assuntos. Queria ainda relembrar a delicadeza pessoal e institucional do almoço, que me foi oferecido. Estava com a minha delegação, quando ele mandou abrir um vinho, brindamos; depois, mostrou a garrafa para mim, um vinho da safra de 1960, ou seja, a data de criação de Brasília. Veja que coisa delicada e bem organizada, porque, evidentemente, alguém já tinha lhe dito: Brasília, fundada em 1960. Fez, então, esta homenagem. Foram contatos de natureza comercial, institucional e, política, mas, também, de natureza pessoal muito acentuada. Após o almoço, ele fez comigo uma visita guiada pelo Kremlin!

Presidente, num ato de muita gentileza do Presidente Putin, eu soube, em sua casa de São Paulo, que ele deu algumas garrafas de vodca para o senhor. Notei que uma dessas garrafas era polonesa (risos).

(risos) você vê que ele é universalista, não é?

(risos) ...Pois é, eu queria fazer esta provocação: ele tem essa vocação universalista, porque um russo dar uma garrafa polonesa para o Presidente do Brasil, considerando que a Rússia tem, inclusive, um histórico de guerra com a Polônia, mostra uma pessoa que possui uma visão dos seus interesses nacionais muito mais ampla e muito menos restrita do que aquela que normalmente se atribui a ele, não é?!

É verdade, totalmente verdadeiro. Primeiro ao revelar que ele não olha a vida pelo retrovisor, não é verdade? Se aconteceu isto e aquilo outro, foi lá trás, não é agora. Então, acho que o gesto dele significativo em me dar uma vodca, afinal, é uma bebida tradicional da Rússia, aí incluindo uma vodca polonesa; acho que você tomou comigo até (risos).

Muito apreciei! (risos)

Foi mais uma delicadeza dele, sem dúvida alguma, em um plano muito pessoal, não é? Interessante, estas questões de natureza pessoal ajudam muito no relacionamento político-econômico. Quando você faz uma boa relação, isso eu percebi ao longo do tempo, com chefe de Estado ou chefe de Governo, você traz bons benefícios para o país. Se você me permite até recordo de algumas visitas feitas aqui no Brasil, uma delas, a do Presidente Rajoy, chefe de Governo da Espanha. Quando veio ao Brasil, ele me disse que lá na Espanha também eles passaram pelos mesmos problemas que nós e que estávamos sendo já exitosos como eles foram lá na Espanha. Interessante, alguns chefes de Estado ou de Governo são muito espontâneos, estou dando o exemplo do Rajoy, porque ele tem uma espécie de marca de certa espontaneidade.

E os demais países do Oriente Médio?

Tenho bons relacionamentos também. Você sabe que me ligou, muito recentemente, o Rei da Arábia Saudita, convidando-me para uma visita ao seu país. Em Davos, tive uma reunião bilateral com o Primeiro Ministro Hariri, do Líbano. Não só insistiu em que eu fosse lá, mas também recentemente manteve contato telefônico comigo dizendo: olhe, eu estive na Arábia Saudita, o Rei mencionou o telefonema que tiveram, insiste em que você vá lá e passe igualmente depois pelo Líbano.

Aliás, neste caso da Arábia Saudita, acho extremamente interessante, porque o Príncipe herdeiro, que é, de fato, hoje o governante, está empreendendo um grande trabalho de modernização do País e de reorganização das suas relações internacionais, não é?

Esteve comigo em uma das reuniões do G20, é jovem, tem seus trinta e poucos anos e nos impressionou a todos, inclusive, naquela época, até o nosso Ministro de Relações Exteriores, o José Serra. Ficamos, todos, impressionados com a sabedoria e com a pujança, com a animação com que ele falava.

Gostaria que o senhor discorresse sobre alguns governantes europeus, como Portugal, França, Alemanha e, eventualmente, a Noruega, que cometeu uma gafe diplomática com o senhor. De fato, a primeira Ministra da Noruega foi extremamente descortês, fazendo-lhe cobranças ambientais e sendo financiadora de ONGs ambientalistas aqui no Brasil, criando, incessantemente, problemas com a agricultura e a pecuária brasileiras. Não deixa tampouco de ser interessante que uma empresa norueguesa, logo após a sua viagem, foi multada por poluir rios e terras no estado do Pará; ou seja, de um lado, lhe dão uma lição de moral e, de outro, são agentes poluidores.

É aquela história de que o castigo vem a cavalo, não é? Neste caso, interessante, eu estava fazendo uma viagem, creio, se não me engano, na Alemanha, quando a última parada seria na Noruega, onde eu teria dois compromissos: um encontro, naturalmente, com a senhora Primeira Ministra e um almoço que o Rei e o Príncipe herdeiro me ofereceriam, aliás, em retribuição a um almoço oferecido por mim ao Príncipe herdeiro, quando de sua estada aqui. Bom, fomos lá para a Noruega e, como a Primeira Ministra é muito ligada a essa questão ambiental, o então Ministro Zequinha Sarney viajou um pouco antes e teve uma reunião com o Ministro de Meio Ambiente norueguês. Mostrou que o desmatamento do país havia caído e tudo o que estávamos fazendo em relação ao meio ambiente. Por exemplo, olhe o aumento da Reserva do Parque dos Veadeiros, o aumento da área de Alcatrazes, a redução do desmatamento em praticamente 12%; nós estamos agora examinando a questão das reservas marinhas que iremos ampliar enormemente, desta feita via a proteção do meio ambiente nos oceanos, o que viemos a fazer depois. Tudo isso foi esclarecido.

Na conversa com a senhora Primeira Ministra não se tocou neste assunto, tocamos em vários outros. Veja: quando você vai fazer uma declaração de imprensa, a regra protocolar é a de que você reproduza na imprensa aquilo que foi conversado, tudo antes sendo ajustado. Pois bem, a senhora Primeira Ministra, quando se manifestou, reproduziu o que havíamos dito, mas acrescentou um dado sobre corrupção, Declarou que a Lava-jato tinha de continuar, umas coisas assim, eu até ouvi aquilo, digo hoje sem medo de errar, achei uma grosseria diplomática que eu jamais havia visto e olha que eu viajei por muitos países. Vou confessar uma coisa aqui, minha primeira tentação foi dizer: olhe senhores da imprensa, tendo em vista o que diz a senhora Primeira Ministra, eu não vou me manifestar, sairia e até pediria a ela para não me acompanhar. Entretanto, eu me disse: bom, não vou criar um problema internacional. Tive de ser frio, agir com a cabeça e não com o fígado.

Portanto, fiquei lá, disse o que tinha a declarar e, evidentemente, não toquei neste assunto, por não ter sido abordado durante a nossa conversa, mas ela percebeu logo, pela minha despedida, que eu não tinha gostado. Isto ficou claríssimo. Tempos depois, dois ou três meses, tivemos uma reunião no G-20, quando veio toda sorridente me cumprimentar. Confesso a você – e olha que eu sou um homem educado –, que eu falei: como vai a senhora? Estendi a mão, mas ela percebeu, pelo meu gesto frio, que aquela atitude irregular sua não tinha passado desapercebida. Na verdade, neste meio tempo, uma empresa norueguesa tinha violado o meio ambiente aqui, criando os maiores problemas, tendo sido multada em uma importância razoável. O embaixador da Noruega chegou a procurar o nosso corpo diplomático constrangido a respeito. Faço aqui um corte. Nenhum governo fez pelo meio ambiente no Brasil o que o meu Governo fez. Então, a indelicadeza cresce mais ainda devido a este fato.

No que diz respeito a Portugal, eu conheço o Marcelo Rebelo de Souza há muito tempo, desde 1982, ele é da minha área, Direito Constitucional; eu o convidei para vir dar um curso na PUC de São Paulo e ele veio. Desde então, mantivemos uma ótima relação no plano acadêmico e, de repente, ele se transforma em Presidente de Portugal, praticamente ao mesmo tempo em que eu assumo a Presidência da República aqui no Brasil. Nossos encontros são, assim, de muita fraternidade, porque é um encontro, daquilo que eu dizia, pessoal.

Presidente, ainda concluindo esta parte internacional, nós falamos da China, mas não do Japão.

Estive no Japão com o Primeiro Ministro Shinzō Abe, muito interessado em todas as questões do Brasil. Recordamos mais acentuadamente a imigração japonesa, que foi uma coisa fantástica, não é? Eu até registrei que os japoneses ajudaram a construir o nosso país, aberto que sempre a todos os estrangeiros. Mas antes de estar com o Primeiro Ministro Shinzō Abe, fui recebido pelo Imperador e, interessante, aqui registro um fato, alertaram-me de que com o Imperador você não pode tratar de questões políticas, só de amenidades. Antes de ir ao seu encontro, eu havia recebido um livro de poesias dele e da Imperatriz; então, eu li rapidamente a tradução deste livro. Ele, delicadamente, foi me receber na entrada do Palácio, fomos até a sala, onde eu falei do seu livro de poesias, e até tomei a liberdade de esticar a conversa e dizer que, embora eu tenha escrito livros técnicos, também tinha escrito um livro de poesias. A conversa foi por aí e ele sempre delicadíssimo. Foi quando observei um cidadão muito elegante, sentado em uma cadeirinha lá no fundo da sala. Interessante, perguntei-me, qual é a posição dele, o que está fazendo ali? Será que é segurança, alguma coisa assim? A nossa audiência era de 30 minutos, quando deu o vigésimo nono minuto, este cidadão se levantou e fez uma reverência, daí percebi a sua função que era a de indicar o momento final da audiência. Veja que delicadeza, que liturgia, que cerimônia, não é? Lamentavelmente, no Brasil, não temos essas coisas, mas fiquei muito impactado.

No Brasil, não tem a liturgia do cargo, não é?

Não tem a liturgia do cargo. Assim, eu percebi qual era a razão deste cidadão lá sentado durante 29 minutos para, ao final levantar-se, fazer a reverência indicando que a audiência estava se concluindo, transmitindo, naturalmente, uma mensagem para mim e para o Imperador. Encerramos a audiência, o Imperador mais uma vez delicadamente me levou até a saída e foi uma viagem muito proveitosa. Você sabe que eu fui com a minha mulher lá, a Marcela, e, quando saímos do hotel, eles "botaram" todos os cozinheiros, o *maître*, os servidores, os limpadores, para se despedirem de nós. O Blairo Maggi, que nos acompanhava, registrou este fato, digamos, quase emocionante. Estou dando dois exemplos do Japão, o país das cerejeiras, para mostrar a produtividade da relação político-comercial. Estive também com o ex-Ministro de finanças, o Taro Aso, com quem tive uma reunião sob o foco político-administrativo, comentando sobre a liturgia do Poder.

Eu mencionei a Alemanha, a França e poderia acrescentar o Reino Unido. Como foram as suas relações com estes países?

Olhe, eu estive mais com eles quando fui vice-Presidente. Uma ocasião, fui à Alemanha para uma audiência com a Primeira Ministra Angela Merkel e me disseram que havia uma pequena dificuldade na relação do Brasil com a Alemanha, em particular entre a Primeira Ministra e a nossa Presidente. Fui lá numa missão, digamos, quase diplomática, mas não me disseram bem do que se tratava. O fato, porém, é que eu fui bem recebido pela Primeira Ministra numa conversa cordialíssima. Registro, aqui, um fato curioso Ela me disse: olhe, vocês são do país do futebol, você assistiu a um jogo, sei lá, acho que era Suécia e Alemanha, não é? Ela começou a pegar canetas e me surpreendeu, ela colocou uma caneta aqui e disse: aqui está o jogador fulano, aqui o jogador beltrano e com mais umas 10 canetas colocou a posição de cada jogador (risos)...

Ela conhece mais futebol do que você (risos)

Muito mais! (risos). Ela disse: você viu um gol do, (acho que é Ibrahimovic o nome do jogador sueco, penso eu)? Você viu? Ele fez um gol de bicicleta do meio do campo, você viu? Eu disse: chanceler, confesso que não vi (risos). E ela: "tá", mas então veja, porque é um clássico do futebol. Isto para você ter ideia do clima que se instalou. Depois, ela esteve numa reunião com a presença da Presidente do Brasil e até comentou – creio eu na época que era a Helena Chagas, a assessora de imprensa – com a Helena, que ouviu a Primeira Ministra Angela Merkel dizendo à Presidente: olhe, tive uma reunião com seu Vice-presidente, foi muito boa etc. Com a França, eu estive visitando o Presidente Hollande e, naquela ocasião, ele me disse: nós somos vizinhos, por causa da Guiana, não é? Eu disse: o senhor tem razão. Quem sabe um dia o senhor visite o seu país lá e nós vamos nos encontrar na fronteira. Depois fui ao Parlamento, visitar o Parlamento.

Presidente, vamos mudar um pouco o foco agora. Vamos falar de sua família, dos seus filhos, em particular das suas filhas. Antes, porém, gostaria de dar um testemunho

pessoal meu. Fiquei muito impressionado, lendo no *Estado de São Paulo*, uma entrevista de sua filha Luciana, defendendo a sua honestidade, a sua moralidade. Não a conheço pessoalmente, o meu juízo é, pois, o de um leitor. Eu fiquei muito impressionado com ela, pela correção, pelo senso de justiça e pelo testemunho apaixonado e justo para com seu pai. Ela relata, por exemplo, que, quando começaram aquelas injustas acusações contra o senhor, veiculadas e desenvolvidas pelo antigo Procurador-Geral da República, ela teria chegado em casa e o seu neto teria pergunta: mas é o vovô? Ela teria respondido: jamais o seu avô faria uma coisa destas, tenho certeza. Pelo que sei, ela é também professora de Direito Constitucional.

Você sabe, Denis, que se conhecesse a Luciana e conversasse com ela, você ficaria ainda melhor impressionado porque ela é uma filha, evidentemente como toda filha, muito querida, mas é querida também pela capacidade extraordinária que ela tem não só de estudos, mas de análise dos fatos políticos, dos fatos jurídicos. A única filha minha que seguiu a carreira do pai, ou seja, formou-se advogada, fez carreira docente, é doutora pela PUC de São Paulo, tem muitas publicações e, hoje, conhece Direito Constitucional muito mais do que eu. De vez em quando, eu escrevo umas coisas, mando para ela e ela faz as observações mais consequentes. De fato, ela deu uma entrevista realmente primorosa ao jornal *Estado de São Paulo*.

Faço até um corte para dizer que, nesta oportunidade, recebi mensagens e telefonemas, dizendo: que coisa maravilhosa que a sua filha colocou nesta entrevista. E a ciência e consciência de que o pai dela, que ela conhece há 48 anos, jamais poderia fazer isto ou aquilo, não é? Contestou estas barbaridades que têm sido ditas ao longo do tempo, então eu fico muito feliz por você ter lido esta entrevista, mas, no que toca às minhas outras filhas, Maristela e Clarissa, Tetela e Cacá... há duas psicólogas que trabalham das 8 da manhã às 8 da noite. Dão aulas também. Todas trabalham e têm a sua vida própria, Graças a Deus, minhas três filhas me enobrecem muito. Como também faz o Eduardo, filho de um breve relacionamento que tive, hoje com quase 20 anos, entrou na Faculdade de Economia, além de ter entrado também na Faculdade de Cinema com 16 anos de idade. Eles são todos muito bem-dotados intelectualmente, não é? Tenho muito orgulho dele também. E, agora, eu tenho o Michelzinho, tem 9 anos e a Marcela é uma mãe muito extremosa, cuidando muito bem dele. Ele aprende as coisas muito rapidamente. Aliás, nos dias atuais, com esta coisa de internet, tudo isso, a velocidade do aprendizado é muito maior. Confio muito naquilo que ele será.

O senhor gostaria de acrescentar mais alguma coisa sobre seus filhos?

Olhe, eu acho que, graças a Deus, eles tiveram uma boa formação e exercitam essa boa formação. Acho que isto é uma coisa que me envaidece muito, eu queria dar, digamos assim, a ideia de que valeu a pena, valeu a pena viver, percebe? Às vezes, na política não, nela você tem sucesso aqui, de igual maneira na profissão, outro sucesso acolá, mas também revesses que não valem a pena, como estes ataques que tenho sofrido no exercício da Presidência, não é? Aqui eu digo: já não valeu tanto a pena...

Presidente, chama-me atenção o fato das suas filhas e do seu filho mais velho entrando na carreira profissional, nenhum tendo emprego no Governo. As suas filhas se dedicam à atividade privada. Infelizmente, a regra em nosso País é a do emprego dos familiares, dos filhos. O senhor não tem nenhum filho, nenhuma filha empregada em algum governo estadual, em alguma entidade pública. Acho um fato da maior relevância tendo sido o senhor acusado de imoralidade pública.

Eu não tenho, na verdade, nenhum parente, não apenas os filhos, no serviço público, e não são poucos os familiares.

Uma família deste tamanho, não é? (risos)

Presidente, concluindo ainda com a sua vida familiar. Como é que a sua mulher Marcela tem enfrentado estes anos de Presidência da República?

Dando-me um apoio extraordinário. Você sabe que não é fácil a vida pública, particularmente do Presidente da República. Ela é de uma dedicação extrema, não procurando aparecer, jamais. Ela é de uma discrição que me agrada muito, ajuda-me muito e é a pessoa com quem eu chego e conto as coisas do dia, conto os dramas naturalmente e, eventualmente, as alegrias. Ela tem colaborado muitíssimo comigo, acho que tem sido um exemplo, porque ela é muito jovem, poderia "se deslumbrar". Não se deslumbrou, ao contrário, manteve a descrição habitual.

Muito obrigado, Presidente.

Como Presidente da Câmara, em conversa com Jacques Chirac, ex-Pesidente da França.

Como Presidente da Câmara, conversando com o então Presidente dos EUA, Bill Clinton.

Michel Temer | A Escolha

Em Gabinete da Presidência do Senado - Reunião de trabalho com a Secretária de Estado norte-americanda democrata, Hillary Clinton.

Ao lado de Silvio Berlusconi, ex-Primeiro Ministro da Itália.

■ A Escolha | Michel Temer

Em 2017, com a Chanceler da Alemanha, Angela Merkel, na cúpula do G20.

Com o ex-Presidente da França, Nicolas Sarkozy, em 2015.

Michel Temer | *A Escolha*

Em 2017, em encontro com o Presidente do Estado da Palestina, Mahmoud Abbas.

Em encontro com Sua Majestade, o então Imperador Akihito, do Japão.

■ A Escolha | Michel Temer

Em 2016, durante cerimônia oficial com o Primeiro Ministro do Japão, Shinzo Abe.

Com o Presidente da China, Xi Jinping, em 2016.

Sendo recepcionado na China, em 2017, ao lado do Presidente Xi Jinping.

No ano de 2017, em encontro com o Presidente da República Popular da China, Xi Jinping.

■ *A Escolha* | **Michel Temer**

Ano de 2017, em reunião da IX Cúpula do Brics.

Na Rússia, em 2017, com o Presidente Vladimir Putin.

Michel Temer | *A Escolha*

Conversando com o Presidente da Rússica, na mesma ocasião.

Em 2017, com o Presidente da Rússia, Vladimir Putin, na XIII Cerimônia de Encerramento do Concurso Internacional de Ballet do Teatro Bolshoi.

Em julho de 2017, durante a 3ª Sessão de Trabalho do G20, com o Presidente Donald Trump.

Em 2017, com o líder espiritual indiano Ravi Shankar e o embaixador da Índia.

Em 2017, em visita oficial do Presidente da República Cooperativa da Guiana, David Granger.

Em 2018, com o Professor Klaus Schawab, da Alemanha, Fundador e Diretor-Executivo do World Economic Forum.

■ *A Escolha* | Michel Temer

Com o ex-Presidente do Líbano, Michel Suleiman.

Recepcionando o Presidente da República da Macedônia, Gjorge Ivanov, em 2017.

Michel Temer | *A Escolha*

Papa Francisco e Michel Temer.

No Palácio do Planalto, recepcionando o Secretário Geral da ONU, Antonio Guterrez, no ano de 2016.

Com a Rainha Margareth da Dinamarca, quando Presidente da Câmara, no ano de 2010.

No ano de 2017, em Pequin, China - Encontro com o Sr. Yu Zhengsheng, Presidente da Conferência Consultiva Politica do Povo Chinês.

Conversando, em 2017, com o Primeiro-Ministro de Israel, Benjamin Netanyahu.

Discursando na Abertura do Debate Geral na 72ª Sessão da Assembleia Geral da ONU - 2017.

■ A Escolha | Michel Temer

Em 2018, na cerimônia oficial da chegada do então Presidente da Colômbia, Juan Manuel Santos.

Em encontro com o então Primeiro Ministro do Líbano, Saad Hariri - 2018.

Michel Temer | A Escolha

Em 2010, na recepção ao Presidente Mandela.

Cumprimentando o "Rei" Pelé no World Economic Forum - 2018.

■ *A Escolha* | **Michel Temer**

Em conversa amena com o então Presidente dos EUA, Barack Obama, em 2016.

Recepcionando, no Planalto, o Primeiro Ministro da Espanha, Mariano Rajoy - 2017.

Em 2018, com o Rei Felipe VI da Espanha - Encontro bilateral.

Em 2017, reunido com o Presidente de Portugal, Marcelo Rebelo de Sousa.

■ *A Escolha* | Michel Temer

Em 2018, cumprimentando o então recém-eleito Presidente do Chile, Sebastián Piñera, na Cerimônia de transferência de mandato.

Recepcionando, em 2016, o Primeiro Ministro de Portugal, António L. S. da Costa.

Em 2016, na XI Conferência de Chefes de Estado e de Governo da CPLP.

Cerimônia oficial de partida da Federação da Rússia - 2017.

■ *A Escolha* | Michel Temer

Em 2017, na Cúpula de Chefes de Estado do Mercosul e Estados Associados.

Capítulo 5

ALIANÇAS POLÍTICAS
MINISTROS
PROBLEMAS DE AMÁLGAMA
INVESTIGAÇÕES
RECONHECIMENTO DA ATIVIDADE MILITAR

Capítulo 5
ALIANÇAS POLÍTICAS
MINISTROS
PROBLEMAS DE AMÁLGAMA
INVESTIGAÇÕES
RECONHECIMENTO DA ATIVIDADE MILITAR

Gostaria de começar essa nossa conversa de hoje, ressaltando a sua habilidade política na construção de alianças, na constituição de um governo, tendo esta sua habilidade sido importante na aprovação de reformas estruturantes. Como é que o senhor vê essa sua habilidade política parlamentar, como ela foi utilizada, agora, no exercício de cargo executivo maior do País?

Com toda franqueza, não é? Eu vejo como algo indispensável para o País, ainda mais agora que nós estamos no período eleitoral, pois vamos ter um novo Presidente da República no ano que vem e ninguém consegue governar se não tiver isto que você chama de habilidade política. Poderia também denominá-la de habilidade governamental, porque ou você tem a capacidade de compor os vários setores, até mesmo os adversários, ou você não consegue governar. Desde que cheguei ao governo, preocupei-me com a aprovação das reformas fundamentais, necessárias para o país, algumas não consegui realizar como a Reforma da Previdência, que é inevitável. É, portanto, necessário ter capacidade de diálogo e de negociação, trato com os parlamentares, de todos os partidos. É necessário ter energia política e uma equipe voltada para o seu emprego.

Como é que foi a construção das Reformas do ponto de vista das alianças políticas que permitiram a sua aprovação?

Diálogo, não é? Muito diálogo, muita conversa. Eu fazia reuniões com Presidente da Câmara, Presidente do Senado, numa espécie de governo compartilhado, e, ao mesmo tempo, com os líderes. Dialogávamos sobre os vários temas do País e, claro, verificou-se a indispensabilidade da Reforma do Teto de Gastos, verificou-se a necessidade da Modernização Trabalhista do país, verificou-se a indispensabilidade da Reforma do Ensino Médio. Nisto, muitos me auxiliaram, dentro e fora do governo, alguns com experiência parlamentar de vários anos.

Presidente, vou fazer uma pergunta um pouco mais delicada. Muitos que o apoiaram, o fizeram precisamente por ser o senhor o Presidente da República, aquele que entrou em um período difícil, fazendo a transição; alguns, outros, porém, não estavam certamente visando ao bem do Brasil. Ou seja, dito de outra maneira, nós tivemos interesses fisiológicos e particulares, dos mais diferentes tipos. Como é que o senhor lidou com isso?

Eu nem sei se havia outros interesses ou não, o fato é que a composição que eu fiz, a composição governamental, deu certo, porque se não fosse esta composição, não teríamos as reformas. E eu não acho que a pergunta é delicada não, a pergunta é indispensável, necessária, para que eu possa fornecer certas explicações.

A sociedade brasileira tem o direito, vamos dizer desta forma, de transparência, de saber como o senhor governou.

Penso que você está se referindo a pessoas que eu trouxe para o governo, que trabalharam comigo politicamente ao longo do tempo, e que, depois, tiveram problemas de natureza judicial, não é? Devo registrar que essas pessoas, aquela composição que eu disse inaugural, foram pessoas que vieram e ajudaram, foram pessoas que tinham contato no Parlamento, e muito contato, tinham ocupado posições de relevo no Parlamento. Neste primeiro momento, me ajudaram muito neste diálogo permanente, nesta costura, vamos dizer assim, de pessoas e teses para chegar onde chegamos. Depois, quando surgiram problemas também tiveram a delicadeza de deixar o Governo, não tendo sido necessário dispensar ninguém. Foi, assim, esta conjunção que me permitiu levar adiante o Governo. Quem estava no Governo e, hoje, tem problemas com o Judiciário, como muitos, têm dos mais variados partidos, inclusive do meu, está, agora, discutindo no plano processual judicial. Vão se defender, se manifestar, apresentar seus argumentos, mas a esta altura já estará fora do Governo.

Deu amálgama... Este é o problema.

Interessante, você sabe que há um episódio, quando eu era Presidente da Câmara dos Deputados, em que duas figuras foram lá, do Rio de Janeiro, mandaram confeccionar um cartão dizendo-se assessores da Presidência, iam às empresas etc. Depois de fiquei sabendo disso, mandei verificar, ir atrás desse fato, mas tal tipo de coisas cria um problema de amálgama.

Presidente, agora vamos falar de uma pessoa também de muita importância no Brasil naquela ocasião, durante a primeira parte do seu Governo, embora, segundo o senhor, não fosse uma pessoa muito próxima, pelo menos não cairia sobre a rubrica da amizade. Refiro-me ao ex-Deputado Eduardo Cunha, hoje preso.

Ele veio para o partido e fez carreira, tornando-se líder, Presidente da Câmara dos Deputados. Enquanto tal, ele tinha naturalmente interlocução com vários setores, inclusive comigo, como Vice-Presidente da República. Aliás, em várias oportunidades, a ex-Presidente me pedia que eu a auxiliasse a contornar dificuldades que, eventualmente, ele poderia colocar, fosse como líder ou fosse como Presidente da Câmara dos Deputados. Você sabe que ele ganhou, naquela época, grande prestígio no Parlamento e, até, na sociedade. Uma pessoa fiel ao tratar dos problemas do governo. Em momentos de grande dificuldade, ia lá e conseguia convencê-lo, sabendo ele ceder.

Presidente, o senhor estaria de acordo com a seguinte frase: governar significa perder amigos?

E parentes (risos). Você sabe que se você governar também pensando em atender a todas as postulações de amigos, você não conseguirá governar. Então, eu sempre tomei essa cautela, de fora a parte, aqueles que tinham camaradagem política, fossem amigos ou não, mas tivesse camaradagem política, estes sim, acompanharam-me no Governo. Se me pautasse apenas pela amizade, precisaria de, no mínimo, uns 200 Ministérios, não é?

Presidente, o senhor estabeleceu uma regra, há um ano e meio, segundo a qual todo Ministro denunciado deveria imediatamente renunciar, pelo menos até provar a sua inocência, admitindo, evidentemente, a sua volta quando inocentado. No entanto, o senhor não seguiu esta regra depois, por quê?

Porque mudou tanto o quadro político nacional. Aliás, você sabe que tentaram várias denúncias contra mim, uma coisa fora, digamos assim, do circuito jurídico normal. Estas coisas tomaram – comecei a perceber – uma significação política em todos os órgãos envolvidos nas supostas investigações ou eventuais denúncias. E, diante deste quadro, eu que havia dito: olhe, se houver denúncia, eu afasto, tive de mudar de posição. Realmente, quando houve as denúncias, já não mais afastei, porque eu próprio fui objeto de tentativas ineptas de denúncias, repudiadas pela Câmara dos Deputados, não é? Percebi, então, que, em muitas ocasiões, é melhor aguardar a decisão do Judiciário, porque se você for se pautar apenas pela decisão investigativa, é insuficiente. O que é um inquérito, por exemplo? Inquérito vem do verbo inquirir, você faz uma inquisição, perguntas e mais perguntas, avaliações e mais avaliações, para propor um relatório final no inquérito que gera ou não uma denúncia. Mas a denúncia é algo definitivo, algo que se incorpora ao mundo jurídico de maneira definitiva ou a denúncia simplesmente é o começo de um processo? E, no caso presente, a denúncia começa a formar o processo penal, tendo se iniciado no Executivo por meio da polícia, seguido por meio do Ministério Público, e só tendo começado o processo propriamente dito ao ingressar no Judiciário, quando este decreta: aceito a denúncia, vamos apresentar agora a defesa, contestações etc. Diante deste quadro, eu me disse: seria uma injustiça se alguém for simplesmente denunciado e, sem decisão judicial, afastado.

Presidente, o senhor diria, retrospectivamente, que se equivocou em alguma das suas escolhas?

Olhe, você sabe que eu não vou nominar, mas, evidentemente, eu acertei quase todas, uma ou outra eu percebi que não deu muito certo, mas, na grande maioria dos casos, não me equivoquei. Agora, também naquelas que não deu certo, eu não vou nominá-las, não é? (risos)

O senhor referiu-se, há um instante, às duas denúncias feitas contra o senhor. O que o senhor pensa do ex-Procurador-Geral Rodrigo Janot?

Acho que é melhor não responder, não é? Desde o instante em que ele criou uma frase falsa naquela gravação e a transmitiu ao jornal *O Globo*, à Rede Globo, ele perdeu toda a credibilidade. Ele realmente causou um mal a mim e ao país, porque foi ele, especialmente, que fez com que não conseguíssemos aprovar a Reforma da Previdência. Você sabe que eu ia votar esta reforma em no máximo 10 dias. Quando este cidadão se comunicou com a Rede Globo, veja o mal que ele causou ao País, pelo uso político da mentira. Eis a realidade!

Já que estamos falando de todos esses episódios. Qual é a sua opinião sobre o juiz Sérgio Moro?

Eu não tenho avaliação pessoal sobre ele.

Na minha avaliação, em todo caso, é um juiz tecnicamente correto, tendo-se tornado, hoje, um símbolo nacional, um patrimônio nacional. Não me surpreenderia se amanhã ou depois algum Presidente o nomeasse para a Suprema Corte do País. Mas qual seria a sua opinião?

Eu espero que ele passe para a História não como símbolo nacional, que não é bom, mas como um grande juiz nacional, que engrandeceu o Judiciário. Espero que ele passe para a História dessa maneira, porque os símbolos, às vezes, caminham muito rapidamente para uma espécie de poder absoluto, portanto de autoritarismo, e eu não penso que o juiz Sérgio Moro tenha essa visão de vida.

Presidente, qual P... MDB o senhor vê no futuro?

Eu vi que você quase fala PMDB, não é? (Interessante!)

São décadas de associação, não é? (risos)

(risos) Até eu, de vez em quando, me confundo. O MDB é isso; é um movimento, aliás, sempre foi um movimento, Movimento Democrático Brasileiro. Em sua origem, um movimento nacional encarregado de recuperar a democracia em nosso País. E você me pergunta como eu vejo o MDB no futuro.

No futuro.

Para ver o MDB no futuro, precisa-se fazer uma pequena retrospectiva do que foi o MDB, não é? Primeiro, como um movimento que contribuiu decisivamente para democratizar o país. Você sabe que — apenas para nosso registro, para recordação histórica – houve um dado momento em que nós elegemos todos os Governadores de Estados, salvo um, o de Sergipe. Foi nesta ocasião até que eu fui eleito Deputado Constituinte; nós tínhamos a maior bancada de Constituintes, mais de 300 Deputados e Senadores na Constituinte de 1987/ 1988. Depois, veio o MDB impulsionador das questões sociais; você veja, por exemplo, o Plano Real, que só teve sucesso porque o MDB o apoiou no Parlamento. Quero fazer aqui justiça ao ex-Presidente José Sarney, porque, entre outras questões, ele não só fez uma transição muito interessante entre o sistema mais fechado e o sistema mais aberto, como também deu início aos programas sociais. O programa do leite, por exemplo, foi um programa que ganhou uma fama extraordinária e outros tantos programas sociais por ele lançados. Posteriormente, surgiram os programas sociais dos governos Fernando Henrique e Lula, todos apoiados pelo PMDB. Quando se pensou no desenvolvimento do País e nas Relações Internacionais, foi o PMDB que deu fundamentação a estas medidas. Volto a registrar que, neste histórico todo, eu não só fui líder do partido em 1994, 1996 e 1997, como, depois, fui Presidente da Câmara, sempre colaborando com o Governo. Agora, para o futuro, eu acho, sob foco exclusivamente político, que será importante ter o MDB na base do governo, pois todo governante terá de empreender reformas e estabelecer, em consequência, todo um diálogo com os parlamentares. Isto é indispensável. O MDB vai se comportar como sempre se comportou, em defesa do país. O Governo, qualquer que seja, não pode, sozinho, praticar todos os atos; precisará de partidos e a contribuição do MDB pode ser aqui essencial. Ademais, o MDB foi um incentivador do acoplamento, digamos assim, da iniciativa privada ao Poder Público. Veja quantas concessões estamos fazendo no meu Governo, quantas privatizações, baseados na ideia que a iniciativa privada e Governo têm de trabalhar juntos. Há toda uma continuidade e coerência na história do MDB.

O senhor está colocando uma questão que diz respeito ao próprio conceito de democracia. O senhor fala de redemocratização, portanto, o senhor está tomando esta questão de uma maneira, aliás, conforme a um artigo seu, visando a uma forma de democracia política, baseada no voto, na liberdade de imprensa, em eleições. Em outra colocação sua, o senhor deu ênfase aos aspectos sociais da democracia, valorizando o bolsa-família, elogiando os Governo Sarney, Fernando Henrique e Lula. Neste artigo seu, ao qual me re-

feri, o senhor ressalta também uma outra acepção da democracia, a da eficiência, a da boa administração dos recursos públicos, onde o governante tem a obrigação cabal de dar transparência aos seus atos. Os recursos públicos não são do Estado, mas dos contribuintes, da sociedade, dos trabalhadores, da iniciativa privada. O senhor formula ainda uma outra acepção, a da relação da democracia com a iniciativa privada, a saber, com o direito de propriedade, a economia de mercado e com um Estado se retirando de atividades que não sejam essenciais ou estratégicas, independentemente do significado que venhamos a dar a tais termos.

Você tem razão em sua avaliação. Agora, interessante, se não houvesse a ordem jurídica constitucional, que determina este casamento do poder público com a iniciativa privada, eu não faria politicamente estas colocações. Hoje, a Constituição determina, Denis, que a iniciativa privada seja prestigiada e, nela, temos duas forças motoras: o empresário/empresariado e os trabalhadores. São eles que, conectados, fazem a iniciativa privada acoplada ao poder público, primeiro ponto. O segundo ponto reside no que chamei – com bastante reconhecimento até – de "democracia da eficiência". Por que eu falo de "democracia da eficiência? Porque, hoje, as ideologias não valem mais. Você rotular uma pessoa de esquerda ou de direita ou de centro, pouco interessa para o povo; o que as pessoas querem é uma política de resultados e de resultados que revelem a eficiência da atividade pública. Então, o sujeito quer o quê? Ele quer um transporte público de boa qualidade, se vem da esquerda, da direita ou do centro, não importa, ele quer emprego, quer segurança, quer saúde, educação. Os rótulos ideológicos são ainda utilizados, porém sem muita crença, sem muito convencimento. E você levanta muito mais um tópico relativo à democracia liberal, vamos chamá-la assim, não é? É a presença da iniciativa privada no Estado, eu acabei de mencionar a importância dessa conexão entre o Poder Público e a iniciativa privada e eu acho que isto não vai parar.

É interessante, até faço um comentário adicional, você sabe que, estando o país em momento eleitoral, de vez em quando vou abrir congressos de empresários ou de trabalhadores, tanto no setor público quanto no privado, e as pessoas se mostram preocupadas com o que vai acontecer depois. Eu tenho dito: olha, é preciso manter o otimismo, porque, na verdade, ninguém vai conseguir deixar de fazer aquilo que nós começamos. Ou seja, nesses dois anos e pouco, nós fizemos tantas modificações no panorama institucional e administrativo do país que ninguém vai conseguir parar as reformas que começamos. Por exemplo, a Reforma da Previdência continua na pauta, é algo incontornável, graças à transparência que introduzimos nas contas públicas. Eu digo: vocês mantenham o otimismo, porque o que nós começamos não vai parar. E se você me permite mais uma palavra, interessante você falou de uma coisa que eu defendo muito: a liberdade de imprensa, fundamental para a democracia. Tudo isto faz parte dos critérios democráticos de um Estado que não pode retroceder. Pregações de cunho contrário constituem um retrocesso, algo que não podemos aceitar.

Presidente, o senhor diria que a pauta do PMDB do futuro deveria ser aprofundar as reformas estruturantes começadas pelo senhor?

Sem dúvida alguma e, aliás, esta é a pauta do MDB. Interessante, não só do MDB, mas isso pegou tanto que é a pauta, penso eu, de todos os partidos. Os partidos responsáveis pretendem avançar no desenvolvimentismo, na tecnologia, na relação internacional. Hoje, você tanto tem uma relação próspera com a China, quanto com os Estados Unidos e a Rússia. Você tem relações prósperas com os países Árabes e com Israel.

Presidente, o senhor poderia tecer algumas considerações sobre a reforma política, em especial, qual seria a sua posição sobre o voto obrigatório?

Eu acho que, no presente momento, o voto ainda deve ser obrigatório, porque, com esta decepção extraordinária que existe em relação à classe política, se o voto não for obrigatório, meu temor é que a representatividade de quem chega ao poder, no Legislativo ou no Executivo, seja ínfima. Quanto maior a representatividade, melhor para o País. Ademais, como você falou da reforma política, sou, hoje, mais do que nunca, a favor de uma redução radical no número de partidos em nosso País. Não é possível você ter 35 partidos. Aliás, você não tem partidos, você tem siglas partidárias. Eu, graças a Deus, tive suficiente habilidade política, diálogo, para compor os vários partidos que vieram compor a base de meu governo. Teria sido mais fácil se ela tivesse sido constituída por dois ou três partidos. Você teria, então, um, dois, três partidos contrários ao Governo. Acho que, inevitavelmente, nós vamos acabar caminhando para uma reformulação política que reduza o número de partidos.

Você veja que a cláusula de barreira vai terminar produzindo este efeito, sem traumas maiores. Se adotássemos o que chamei de um regime semipresidencialista, o número de partidos deveria ser necessariamente menor. Cada um teria, também, uma proposta em relação ao Estado. Vou dar exemplos. Alguns dirão: eu sou contra a Reforma Trabalhista. É uma tese. Outros dirão: eu sou a favor. Outros dirão: eu sou a favor, mas segundo os parâmetros tais e tais. Eu sou a favor da Reforma da Previdência. Outros dirão: eu sou contra, porque não importam os gastos públicos, sejam quantos forem; o importante é que não se tribute ninguém em matéria de previdência. Ou então: eu acho que deve haver uma diferença entre os servidores públicos e os da iniciativa privada. Eu digo, isso porque na Previdência social, os trabalhadores da atividade privada se aposentam com, no máximo, o teto, que é 5.645,00 reais, enquanto no serviço público não existe esta limitação. O funcionário podendo se aposentar com 30, 33 mil reais, o teto é outro. Então, esta comparação é uma coisa saudável, você pode dizer: eu sou a favor e outro: eu sou contra, mas isto é tema de um programa partidário. Ora, com trinta e cinco programas partidários, há uma confusão tamanha que ninguém sabe quais são as posições reais de cada agremiação.

Presidente, o senhor mencionou a questão da Reforma da Previdência. Nós estamos no mês de Agosto. As eleições serão em outubro, primeiro e segundo turno. Pergunto, haveria alguma possibilidade de votação desta reforma ainda neste ano?

Vai depender muito de quem for eleito. Você sabe que o novo governo adquire grande significado, grande expressão, de modo que qualquer coisa que venha a ser feita deve ser resultado de um trabalho conjunto. Tudo vai depender, no período de transição, do diálogo entre o atual Governo e o novo. Se o novo Governo estiver disposto a fazer esta reforma, nós podemos realizá-la ainda este ano.

Presidente, gostaria de voltar à questão relativa ao voto facultativo. O voto facultativo é um exercício de liberdade de escolha do cidadão, pelo menos deveria sê-lo na minha perspectiva. O senhor insiste na questão da representatividade política, que não seria, assim, fortalecida. Eu também poderia fazer a seguinte ponderação: não será que uma representatividade política baseada na obrigatoriedade seria, ela, falseada? O senhor termina votando em quem não o representa. Dizendo, ainda, a mesma coisa de outra maneira, o senhor não acha que o fato dos cidadãos não comparecerem às urnas seria uma mensagem clara a uma classe política que não os representa?

Insisto no ponto da representatividade. Uma coisa é você representar 10 milhões de eleitores, outra é você representar 1 milhão de eleitores, pelo menos em termos de cargos executivos. Eu acho que, neste momento, nós ainda precisamos da obrigatoriedade do voto para assegurar a representatividade. Se você retirar o voto obrigatório, a tendência seria a de os cidadãos não votarem, o que não seria útil, neste momento, para o país. Você poderá dizer: bom, mas com a evolução dos costumes políticos, não se poderá chegar a um dia em que as pessoas compreenderão que participar da vida do Estado é uma coisa importante, sendo o voto uma procuração que você dá, não é? É como você ir a um advogado e dar uma procuração ou submeter-se a um médico, a quem, de alguma maneira, você dá uma procuração para que ele cuide de sua saúde. Ora bem, para cuidar da saúde do Estado ou dos seus interesses fundamentais, é preciso que você o faça por intermédio de uma procuração e quem pode outorgar esta procuração é o povo. Até faço um parêntese. Sabe que há um livro do Saramago que se chama "Ensaio sobre a lucidez". Em Portugal, em um dado momento – esta é a figura romanceada dele –, abrem-se eleições e ninguém vai votar. O Governo se reúne e diz: mas que é isto?! É uma revolução? O que que está havendo? Vamos marcar eleições novamente. Marcam novas eleições e ninguém comparece para (risos), era melhor até eu não falar isso agora. É encenada, no livro; é a ideia da absoluta falta de representatividade. Por isto, insisto no voto obrigatório por enquanto.

Presidente, o senhor mencionou também a questão da evolução dos costumes. Como é que o senhor vê a participação política das mulheres? Considerando que, hoje, elas são demograficamente, digamos, sub-representadas – não que isso seja um critério absoluto –, realmente temos poucas mulheres na vida política. Com algumas ressalvas, tivemos recentemente a Presidente Dilma como Presidente da República. Hoje, nós temos inclusive cláusulas que obrigam os partidos a deixar um determinado número de vagas e de financiamento para as pessoas do sexo feminino.

São poucas, porque as conquistas dos direitos das mulheres também são recentes, no sentido temporal, não é? Você veja que o Código Eleitoral que permitiu o voto da mulher data de 1932, o que, em termos históricos, é pouco tempo, tendo elas conquistado espaço pouco a pouco. Ao exercer a Presidência da Câmara dos Deputados, criei a Procuradoria Parlamentar da Mulher, exercida por uma Deputada, da mesma maneira em que coloquei a voz de uma representante feminina no Colégio de Líderes. Nos últimos anos, caminhou-se tão rapidamente que os partidos, hoje, devem destinar 30% do seu fundo eleitoral para as mulheres. A tendência natural é, certamente, o aumento da participação política feminina.

Presidente, uma última pergunta relativamente à participação dos negros na vida social e política brasileira. Há uma notícia hoje, por exemplo, no jornal *Folha de S. Paulo*, segundo a qual 460 mil negros acenderam às classes A e B. O senhor gostaria de fazer algum comentário a respeito?

Eu fico felicíssimo com esta notícia, porque dizem sempre que nós não cuidamos das questões raciais e das minorias. A sociedade brasileira está evoluindo muitíssimo. E, muito recentemente, coisa de um mês, um mês e meio atrás, eu assinei um decreto determinando que 30% das vagas para estagiários em todo o serviço público, nas estatais e na administração direta, seja reservado a negros ou descendentes de negros. Quando você examinar a História brasileira, você constatará uma evolução; cada Governo tendo cumprido o seu papel, assim como nós estamos cumprindo o nosso.

Senhor Presidente, durante o seu Governo, ao contrário até de alguns Governos anteriores, o senhor manteve uma relação estreita com as Forças Armadas, que eu denominaria uma cooperação em prol do Brasil. Qual seria o seu comentário a respeito?

Em primeiro lugar, eu parto do seguinte suposto: somos todos brasileiros. Atualmente, há uma tendência muito grande em separar os civis dos militares, o que, ao meu modo de ver, é um equívoco. Eu sempre tive o melhor relacionamento com as Forças Armadas, aliás, com as forças militares em geral; por exemplo, quando fui Secretário da Segurança Pública, as Polícias Militares me deram um apoio extraordinário. Enquanto Presidente, tive o melhor relacionamento com a área da Defesa, tendo nomeado um militar da reserva, o General Silva e Luna, para o cargo de Ministro da Defesa. Um militar da reserva é um civil, não é?

E tenho recebido, das Forças Armadas, um apoio extraordinário e não é sem razão que elas ocupam uma posição de prestígio, de relevo, perante a opinião pública. Você vê, toda pesquisa dá quase sempre as Forças Armadas em primeiro lugar no tópico credibilidade. O apoio foi muito marcante nas operações da chamada "Garantia da Lei e da Ordem, que é um pressuposto constitucional, permitindo-me enviar contingentes militares aos Estados a pedido dos governadores. Foram mais de onze ou doze operações e, em alguns Estados, até duas, três ou quatro vezes. Mais recentemente, tivemos a própria intervenção federal na área da segurança pública e no sistema penitenciário do Rio de Janeiro, quando se deu nomeação de um General para o cumprimento desta tarefa, com resultados, a esta altura, já visíveis. O número de latrocínios diminuiu, o de homicídios diminuiu, o de roubo de carga diminuiu, precisamente porque fiz uma conexão das Forças Armadas com as Forças locais, polícia civil e polícia militar. Eles têm dado um prestígio extraordinário ao Governo. E nós precisamos acabar de uma vez por todas com essa história de que militar é militar e civil é civil; são todos brasileiros, de modo que posso, muito naturalmente, chamar um militar para compor o Ministério. Não pode mais haver este apartamento, esta separação, que a todo momento a cultura política nacional quer fazer. Os militares servem tão adequadamente o Estado brasileiro, com muita competência. Faço aqui um corte. Veja o que eles fazem nas fronteiras do Brasil. Visitei os pelotões de fronteira, por exemplo, especialmente naquele momento em que eu cuidava da questão das fronteiras, e pude constatar que eles têm uma coisa chamada "ACISO", que é uma ação cívico-social, ação essa voltada para a proteção das populações fronteiriças. Filas e filas se formavam para receber o atendimento médico, odontológico e de saúde em geral das Forças Armadas. Distribuem eles também água no Nordeste em caminhões-pipa. Participam ativamente de campanhas de vacinação. Constroem estradas e pontes. E assim por diante!

Participei com o senhor de algum destes episódios. Contarei um deles. O senhor visitou, enquanto Vice-Presi-

dente o SISFRON, sistema de monitoramento eletrônico de fronteira. Viajamos a Dourados com o General Villas Bôas, na época já Comandante do Exército, e o General Etchegoyen, então Chefe do Estado-Maior do Exército. Chamou-me particularmente atenção um comentário seu, quando de nossa volta a Brasília. Fomos de carro para a Vice-Presidência, o senhor parou e disse o seguinte: Denis, eu não sabia, mas eles são formidáveis! (risos)

(risos) É isto mesmo, é a síntese de quando você conhece o trabalho real e verdadeiro deles. O que mais me impressiona nestas figuras todas que você mencionou, é o apreço que têm pela Constituição! Somos todos servos do texto Constitucional. Não vejo isto sempre em outros setores.

Presidente, ainda vou continuar um pouco nas inconfidências, qualquer coisa o senhor me corte, por favor. Não vou contar um segredo de Estado evidentemente. O senhor visitou o General Villas Bôas, inclusive na casa dele, ainda quando era Vice-Presidente. Isto foi noticiado, mas acabou não ganhando uma maior relevância. Acompanhei o senhor naquela janta e pude constatar o ambiente de concórdia e de defesa do país. O que o senhor teria a comentar?

Exatamente isso. Você sabe que eu tenho pelo General Villas Bôas, assim como pelo Comandante Leal Ferreira e pelo Comandante Rossato, muito apreço. Hoje, diria até apreço pessoal, mas naquele momento o apreço era institucional. Todos mantêm firmemente a ideia de preservação da ordem constitucional, de cumprimento rigoroso do texto constitucional. Neste jantar, em particular, aceitei um convite muito gentil do General Villas Bôas, tivemos uma boa prosa, você se lembra, além de tratar de assuntos institucionais, importantes para o País, o que era o meu dever, mas também conversamos amenidades, não é? E as amenidades foram muito marcantes igualmente.

Um último ponto ainda sobre isto. Depois de o senhor ter assumido a Presidência da República, alguma destas reuniões se repetiram até do ponto de vista de caráter pessoal, mostrando uma relação que tinha se fortalecido e desenvolvido, criando uma relação de confiança. Posso testemunhar tanto do ponto de vista do senhor, quanto do Comandante do Exército.

É. Estas coisas são importantes, porque, no Governo, você tem uma relação institucional com os Ministros, mas ela se fortalece muito quando passa para o plano pessoal. Por exemplo, visitei muitas vezes o General Villas Bôas, por exemplo, em seu aniversário, quando fui cumprimentá-lo em sua casa. Estas coisas fazem parte da boa convivência institucional. Não pode parecer que o Presidente da República é uma figura, os Ministros outras, e, portanto, estabelecendo um distanciamento, digamos assim, regimental. Todos devem estar entrosados e este entrosamento eu consegui em meu governo.

Obrigado.

Capítulo 6

ALUNOS
COMENTÁRIOS DE CIDADÃOS

Capítulo 6

ALUNOS
COMENTÁRIOS DE CIDADÃOS

Presidente, dando prosseguimento às nossas conversas, gostaria de lhe fazer uma pergunta relativa ao cotidiano de um Presidente da República. Certamente, deve ser algo extremamente atribulado, o senhor recebe pessoas na agenda, fora da agenda, não tem dia, não tem noite, não tem final de semana, muitas vezes. Qual é o seu cotidiano?

Olhe, Denis, você sabe que é uma coisa trabalhosa, mas interessante, muito agradável, porque você tem, digamos assim, se eu fosse dimensionar em termos de horário, tudo começa às 7:30 da manhã, mais ou menos, quando começam os telefonemas.

Eu já recebi telefonemas a essa hora. (Risos)

Meus! (risos) Ou eu telefono ou recebo telefonemas, quando não recebo mais cedo, na hipótese de acontecer alguma coisa mais dramática no país, não é? Digamos que começa às 7:30, 8 horas e não tem horário para terminar. Você sabe que eu, regularmente, quando estou no Palácio do Planalto, almoço aí mesmo e prossigo trabalhando, às vezes até 10, 11 horas da noite. Isto quando não vou receber pessoas lá no Jaburu, em jantares ou não, até meia-noite. Se eu quisesse dimensionar o horário, eu diria: começa às 8 horas da manhã e termina à meia-noite, primeiro ponto. Segundo ponto, você sabe que eu passei vinte e quatro anos no Parlamento, logo eu tenho um hábito parlamentar e uma relação muito próxima com os parlamentares, com os empresários.

Acontece que, de oito agendamentos previstos para o dia, elas terminam se tornando dezoito. Nem sempre todos os agendamentos são publicados, porque simplesmente foram acontecendo.

Trato, no cotidiano, de questões pesadas, difíceis e complicadas, que terminamos sempre enfrentando, graças à colaboração de ministros, conselheiros etc. Conforme meu estilo, procuro sempre uma solução que seja fruto da conciliação, nunca uma solução de força. Isto não significa que, havendo necessidade, eu não use, ao seu extremo, digamos assim, a autoridade do cargo, porém sempre fazendo uso do diálogo. O qual é muito agradável. Você sabe que o Brasil, vou dizer uma obviedade, tem potencialidades, riquezas extraordinárias, físicas e humanas, logo o contato com a natureza física, com a natureza humana, é uma coisa muito enriquecedora. Ocorre, igualmente, que meu tempo é dividido entre minha estadia em Brasília e viagens para diversas localidades do país, algo próprio do exercício da Presidência, sem falar das viagens internacionais já mencionadas.

Presidente, como é sua rotina com almoços e jantas? O senhor almoça ou janta sozinho? Sempre com amigos ou com políticos ao seu redor?

São almoços de trabalho, não é? Almoços com Ministros, com Deputados, Senadores, isto normalmente eu faço lá, como disse, no próprio Palácio. E, à noite, janto com Ministros, principalmente aqueles com quem vim a estabelecer uma relação pessoal no curso do tempo. Conversas de trabalho e, também, de amenidades. Filmes e livros são frequentemente comentados e recomendados. São conversas sempre enriquecedoras, talvez as mais enriquecedoras de minha longa vida pública. Agora, quero até dizer o seguinte: eu não sou de fazer muita ginástica, muito exercício físico, mas sempre caminhei muito e caminhei muito até como hábito.

Eu já notei, em jantas, que o senhor é muito comedido ao beber, mas gosta de um bom vinho. Como não sou muito

comedido, o contraste me chamou a atenção. Como é que depois de um dia tão tenso o senhor não tem uma propensão a beber um pouco mais para descontrair?

Eu ajo com certa moderação. Sou naturalmente moderado, talvez pelo valor da temperança. Todo exagero, tudo aquilo que ultrapassa certos limites, cria problema, não só no vinho, mas também nas relações pessoais e políticas. E, de fato, o vinho, até interessante um fato, eu vejo que tem gente que, como você, conhece um vinho, toma um vinho e sabe se é bom, se é ruim, qual é o ano muitas vezes. Eu não conheço. Tenho sim, o gosto pelo bom vinho!

Mas você aprecia?

Claro! E como é que eu aprecio? É pelo paladar. Uma vez eu tomei um vinho formidável, quando eu perguntei qual era o vinho, era um vinho sul-africano que custava 30 reais a garrafa. Outro dia, me deram um vinho desses que custam milhares, uma taça, e eu não o achei tão bom quanto aquele de 30 reais. E dizem até que faz bem para a saúde.

Presidente como fica a sua vida familiar nessa vida política tão atribulada?

Não é fácil, não é fácil, porque, interessante, ao longo do tempo, não só agora na Presidência da República, mas ao longo do tempo, eu sempre trabalhei muito. Para você ter uma ideia, as minhas filhas, por exemplo, tiveram pouco contato comigo quando jovens, quando meninas, porque eu dava aulas todas as noites, três ou quatro noites na PUC de São Paulo e duas noites na Faculdade de Itu e, no sábado de manhã, ainda dava um curso especialização na PUC. De fora a parte isso, eu era Procurador do Estado, além de exercer a advocacia. Portanto, o contato familiar era pequeno. Entretanto, quando tinha contato, era ele um contato muito afetuoso, muito rico, e isto fez com que todas se irmanassem, fraternizassem e tivessem grande apreço por mim. Eu acho que consegui, ao longo do tempo, fazer isso com as minhas filhas, com os meus filhos, com todos.

Mas agora, com o Michelzinho, que tem oito anos?

É, eu procuro, eu procuro... Ele já está com nove! Eu procuro estar com ele quando posso, mas muitas vezes, ao chegar em (sic) casa, ele está dormindo. E ele sai logo pela manhã para ir à escola e fica lá das 8 horas às 15.

Presidente o senhor poderia contar alguns dos seus casos, por assim dizer, da vida política, porque entre os seus amigos há muita boa conversa sobre isso. O senhor poderia, digamos, compartilhar isso com o público brasileiro em geral?

Claro que eu tenho algumas histórias algumas marcantes. Por exemplo, quando fui Secretário da Segurança de São Paulo, em minha primeira campanha para Deputado constituinte, em 1986, saí de manhã para ir ao interior. Naquele tempo, eu tinha um amigo, que me acompanhava, um assessor, e éramos dois. Nós pegamos o carro e partimos. Um dia, 6 horas da manhã, eu paro numa padaria, tomo lá um café com leite e um pão com manteiga e, quando vou fazer o pagamento, o sujeito do caixa olha para mim e diz assim: "Você não era o Michel Temer?" (risos) Porque, para ele eu era o Secretário de Segurança. Deixei de ser Secretário, então deixei de ser... Quando ele perguntou assim, eu disse: "era"... e ele disse: "eu sabia".

Outro episódio foi que, tendo sido três vezes presidente da Câmara dos Deputados, em algumas ocasiões, no domingo, eu pegava o carro e ia a minha cidade, Tietê, que fica a 145 km de São Paulo. O percurso durava uma hora e meia, mais ou menos, com o objetivo de almoçar lá com meu irmão. Ia dirigindo sozinho o carro e, ao parar o carro no pedágio, o sujeito olhou para mim e perguntou:

"Já disseram que você é a cara do Michel Temer?" E eu disse:

"já, já me contaram, já me disseram isso". Na cabeça dele, era inadmissível que o Presidente da Câmara estivesse sozinho dirigindo um carro. São histórias desta natureza que vão marcando a vida da gente, mas eu também não desminto.

E outra vez... Até tem um caso curioso. Eu dava aulas em Itu e eu era rigoroso lá com os estudantes. Muitas vezes, eu pegava o aluno olhando a prova de outro e ia lá e punha -4 pontos, -3 pontos. As salas tinham uma média de 150 alunos e, em uma ocasião, eu "botei" lá -3 pontos, no caso, um sargento da Polícia Rodoviária Federal, que morava em Sorocaba. Tempos depois, duas ou três semanas, eu estou indo com meu carro a Tietê, pela Castelo Branco; a guarda rodoviária me para, por ter ultrapassado o limite de velocidade. Quando o policial se dirige a mim, eu o reconheci. Foi quando ele me disse assim: "peguei o senhor colando, hein, professor?"

Em outra ocasião, interessante, quando candidato à Constituinte, fui muito apoiado pelos estudantes da PUC e, especialmente, pelos de ITU. Nesta cidade, havia um afluxo muito grande de pessoas de várias cidades, muitos me admiravam, e um deles me disse assim: o professor, olha aqui, eu comando a guarda municipal – de uma cidade lá que não devo mencionar – e eu queria que o senhor fosse lá para explicar um pouco como é que esta história da Constituinte. E eu, com a mania de professor, fui lá. Havia uns 60, 70 guardas municipais, dei uma aulinha de meia hora. Todos me olhavam. Quando parei, o meu aluno disse: olha, pessoal, eu vou "amolar" um pouco mais vocês, ele disse até outra palavra, vou "amolar" um pouco mais vocês e vou explicar o que o professor quis dizer. Então, ele simplificou a linguagem. São histórias que vão marcando as nossas vidas.

O senhor poderia, agora, explicar um pouco o que aconteceu a propósito daquela questão da Renca? A respeito de uma reserva ambiental, da exploração de reservas minerais que o Brasil tanto necessita. Começou, assim... uma certa campanha internacional contra o senhor. O senhor termi-

nou recuando, porém o projeto era muito bom. Às vezes, fico me perguntando, naquela ocasião e em outras, por que ocorre que alguns projetos muito bons não passam, devido a não terem aprovação pública, enquanto outros muito menos importantes têm sucesso?

Você sabe que, nesse caso especial, e há outros casos semelhantes, houve uma inadequada explicação e, até por ter sido mal explicado, terminou ganhando tal notoriedade, com repercussão internacional inclusive. Fui, então, reexaminar aquele assunto e verifiquei que não era tão equivocado assim, mas, em face da reação popular – e aqui o homem público deve ter consciência disso –, eu achei melhor recuar. Levo isto sempre em consideração e, neste caso específico, não sei se errei não? Em alguns momentos, você pratica atos que posteriormente, você percebe que eram equivocados e você não pode, como homem público, ter compromisso com o erro. Aliás, isto eu aprendi com as frases do ex--Presidente Juscelino Kubitschek. Ele dizia sempre: "não tenho compromisso com o erro". Se você se equivocou, o seu dever não é manter o erro, o seu dever é exatamente corrigi-lo. Contudo, isto suscita, muitas vezes, a seguinte ideia: "Ah, o Presidente da República recuou". Eu não me incomodo com isto, não. Se houve erro, eu modifico e, no caso da Renca, foi exatamente o que aconteceu. Aliás, nesse episódio, interessante, depois eu percebi que o que nós estávamos regulamentando era o garimpo para torná-lo legal, porque havia lá um garimpo ilegal; basta dizer a você que havia lá não sei quantos campos de pouso clandestinos por causa, precisamente, do garimpo ilegal. De qualquer maneira, diante da reação natural, até de ambientalistas, revoguei o Decreto.

Michel Temer | A Escolha

Anúncio do resultado da eleição de Michel Temer para o cargo de Presidente da Câmara (biênio 2009/2010 - 3º Mandato).

Capítulo 7

SURPRESA COM ALGUNS NÃO ELEITOS
MICHEL TEMER, O YOUTUBER
CONSTITUIÇÃO DE 1988

Capítulo 7
SURPRESA COM ALGUNS NÃO ELEITOS
MICHEL TEMER, O YOUTUBER
CONSTITUIÇÃO DE 1988

Presidente, boa tarde. Hoje é um dia único do ponto de vista da História do Brasil, dia 8 outubro, primeiro dia após as eleições. Qual seria sua primeira reação diante de tal renovação?

Olha uma reação positiva. Positiva porque, você sabe, eu sou muito preso à institucionalidade. Então, eu sempre digo coisas que são triviais, frugais, mas que devem ser repetidas: o momento em que o povo exerce a sua soberania, em que diz "eu sou o dono do Estado" é exatamente o momento da eleição. O voto que ele dá é uma procuração conferida a membros do Executivo, do Legislativo, nos planos federal e no estadual, para dizer "olha aqui, eu vou dar uma procuração para que vocês dirijam minha grande casa que é o país, que é o Brasil". E foi o que aconteceu no dia de ontem, o do exercício democrático, algo extraordinário, em um contexto de extremo acirramento. Apesar disso, os problemas durante o dia das eleições foram mínimos. Você sabe que, ontem ainda, eu estive no centro de segurança e controle das eleições e constatei que não houve mais do que 200 ou 300 apreensões, digamos assim, com 147 milhões de eleitores no Brasil, consolidando, mais uma vez, a nossa Constituição.

Verifico que houve uma grande renovação. Interessante, havia a tese de que, como a campanha seria curta, especialmente para o Legislativo, em suas várias instâncias; como não haveria contribuições de pessoas jurídicas para as eleições e como a verba eleitoral de cada partido seria distribuída para os que já são Deputados e Senadores, foi difundida a ideia de que a renovação seria pequena, em torno de 15% a 20%, o que não ocorreu. A renovação no plano federal foi de cerca de 45% a 50%, correspondendo, grosso modo, ao que tem ocorrido nos últimos anos. Veja que esta mínima reforma política, impedindo contribuições de pessoas jurídicas, com menor tempo de campanha e aumento correspondente de fiscalização, ajudou bastante ao exercício da soberania popular. Nós vamos ter segundo turno, com os dois candidatos levando consigo bancadas expressivas, sobretudo na Câmara dos Deputados. Você vê que os candidatos a presidente puxaram, também, candidaturas estaduais que surpreenderam. As pesquisas de opinião se mostraram equivocadas, precisamente porque a figura do Presidente, refiro-me especialmente ao caso do candidato Bolsonaro, acabou puxando candidaturas aos governos estaduais inesperadas.

Ele chegou a criar um partido. O partido dele, que era inexpressivo, hoje tem mais de cinquenta representantes.

Claro! Mais de cinquenta representantes na Câmara Federal. Acho que tinha um Deputado, não mais do que isso. Foi um "tsunami", um tsunami democrático. Eu volto à afirmação inicial: como foi o povo que escolheu, escolhido está.

Na sua opinião, poder-se-ia dizer que a Lava-Jato teve desdobramentos políticos importantes?

É, mas não foi só isso.

Resultou em uma renovação expressiva, lideranças importantes não foram reeleitas, tanto no Senado quanto na Câmara dos Deputados. Nós falávamos, um momento atrás, da expressividade dessa votação, ou seja, quando lideranças importantes se retiram do cenário pelo voto popular, novas irão ocupar estas posições e, portanto, aí nós teremos uma mudança que, eu brinco, "lavou" o país.

É, mas não é exatamente em função apenas da Lava-Jato. Você sabe que foi uma coisa, digamos, universal. Pegou todos os partidos, vários setores e vários ainda que estão sendo processados. Também vieram para o Parlamento. Na verdade, foi uma rebelião, de alguma maneira, contra a classe política.

Mas a Lava-Jato fez isso também.

Sim. Claro.

Ela é contra a classe política. Neste sentido.

Claro, claro. Mas eu acho que não foi o fator determinante, porque senão nós vamos enaltecer a Lava-Jato de uma maneira que parece que ela foi a salvadora do país. E não foi apenas isso, acho que foi a consciência popular, pois foi ela que disse: "olha, vamos modificar". E a modificação veio porque os candidatos, um dos candidatos pelo menos a Presidente soube captar um pensamento, uma tendência muito grande de uma parte significativa da sociedade brasileira, não é? Acho que não foi apenas em razão da Lava-Jato. Foi um movimento muito maior de modificação.

Desculpe a liberdade, de acordo com o senhor, vamos dar nomes aos bois, o candidato Bolsonaro, por exemplo, soube captar precisamente este sentido da mudança, da renovação, da "limpeza", tanto que o seu discurso foi um discurso anticorrupção, pela moralidade da política, por valores conservadores. Ou seja, ele respondeu a um anseio da sociedade brasileira, qual seria o seu comentário a respeito?

Foi, foi. Volto a dizer, ele captou uma mensagem que a própria sociedade estava transmitindo. A sociedade tem certos valores e quis a preservação destes valores. O que é que ele fez, objetivamente ou instintivamente? Ele soube avaliar e pregar estes valores, e quando ele prega estes valores, ele vai ao encontro daqueles que pensam desta maneira. No caso do outro candidato, Haddad, foi um movimento do próprio Partido dos Trabalhadores, o movimento de um partido que, de qualquer maneira, tem expressão no cenário nacional. Claro que houve uma diferença muito grande entre o primeiro colocado e o segundo, permitindo um segundo turno. Foram, até diria, extremos, não é? Extremos que não se comunicaram porque eram extremos e dividiram o pensamento do país. O que vai precisar agora, e isto me parece importante, é que ambos tenham critérios de moderação, de serenidade, de tranquilidade, para unirem o país. É algo que prego há muito tempo, em todos os momentos em que eu me manifesto, mas, agora, isto está nas mãos dos dois candidatos. Eu acho que, durante este segundo turno, o que tem que haver de ambas as partes é uma pregação pela pacificação, pela unificação do país, nada de brasileiro contra o brasileiro, mas de brasileiro com brasileiro.

Presidente, chamou-me particularmente atenção uma declaração de hoje, dia 8, do candidato Haddad de que ele revogaria as reformas feitas pelo senhor, a saber, o Teto dos Gastos Públicos, a Reforma Trabalhista e a Reforma do Ensino Médio. Ou seja, está se colocando claramente como um candidato anti-Temer, vamos dizer desta maneira. E eu tomaria a liberdade de dizer que ele está tomando uma atitude anti-Brasil, porque o Brasil, sem as reformas, não tem como dar certo. O que o senhor teria a dizer a respeito?

Eu acho que há um grande equívoco do candidato Haddad. Eu soube dessa declaração dele, também feita no dia de hoje, que, aliás, ele vem alardeando já durante a campanha eleitoral. É, porém, um equívoco muito grande, porque ou o Brasil faz estas reformas ou Brasil não vai para frente. Você veja que as reformas ensejaram uma prosperidade no nosso país. O Teto dos Gastos parte, repito, do princípio mais simples, segundo qual você não pode gastar mais do que arrecada, tanto no nível familiar quanto estatal. Isto dá garantia e credibilidade para o país. Por outro lado, a reforma trabalhista é uma reforma que pegou, não é? Não adianta querer mudar, porque pegou. Então, na medida que você quer apenas modernizar a relação de trabalho, e essa modernização nos trouxe para o século XXI, não é possível voltar para o século XX.

O general Mourão, algumas semanas atrás, numa reunião do BTG Pactual, disse que o novo governo, caso eleito, teria todo o interesse de fazer a Reforma da Previdência. O candidato a Ministro, o economista Paulo Guedes, fez uma declaração no mesmo sentido quinze dias depois. O senhor acha que seria uma sinalização positiva para um diálogo com o governante eleito?

Eu acho que sim, porque eu mesmo já disse, aliás, numa reunião com empresários, em Nova York, muito recentemente, antes da reunião da ONU, que estaria disposto a fazer, ainda no meu governo, a Reforma da Previdência e digo porque: primeiro, porque ela já está formatada, está pronta, basta votar o primeiro e o segundo turnos na Câmara e, depois, primeiro e segundo turnos no Senado Federal. Agora, para tanto, é preciso que o Presidente eleito esteja disposto a isso. O que fizemos nestes dois anos e alguns meses? Nós asfaltamos o terreno. A estrada estava esburacada e asfaltamos o terreno para que o próximo governante possa caminhar, tranquilamente, sem buracos, primeiro ponto. Segundo ponto, para fazer isso eu preciso ter o apoio do Presidente eleito. Você sabe que depois que se elege um Presidente, as atenções político-administrativas se voltam para ele. Então, se o presidente eleito estiver disposto a fazer esta reforma ainda neste ano, se estiver apoiando, eu cuidaria de levar esta matéria adiante ainda neste ano. E, olhe, restariam quase dois meses a partir do dia 28 outubro. E em 2 meses, quando o Congresso quer, ele vota tranquilamente qualquer matéria.

Nesse caso, o senhor levantaria a intervenção Federal no Rio de Janeiro?

Teria que levantar. De qualquer maneira, tal como decretei a intervenção, que foi de comum acordo com o governo do Estado, agora eu teria que também levantá-la, de acordo com os próprios gestores da intervenção e de acordo com aquilo que o governo do Rio de Janeiro deseja. Aliás, se isto vier a ocorrer, eu chamaria naturalmente o governador, Luiz Fernando Pezão, e acertaria com ele que a estrutura montada para a intervenção Federal continuaria integral, inclusive com a presença das Forças Armadas, segundo a chamada Garantia da Lei e da Ordem. Se isto ocorrer, eu poderia suspender a intervenção.

Presidente, uma pequena provocação: isto significa, então, que o diálogo com o Deputado Bolsonaro seria mais fácil do que com o candidato Haddad?

Isso não sei dizer. Isso eu preciso esperar. (risos)

Estou me referindo às declarações públicas dele. (risos)

Eleito quem seja, terá de governar. De vez em quando, eu digo: "Olha, eu quero ver quando sentar naquela cadeira, se a conversa vai ser a mesma conversa da campanha eleitoral". A conversa muda. A complexidade do Governo Federal, de todo o Brasil, nas suas relações internas, nas suas relações internacionais, nas suas relações políticas, é enorme. Então, quando sentar lá, a conversa será outra. Então dependendo de quem seja eleito, vai depender, eu não quero dizer que seja um ou outro, mas eu acho que com o candidato Bolsonaro seria talvez mais fácil. Não quero, porém, assumir isto!

Não, eu assumo, a provocação foi minha. (risos)

A provocação foi sua, então fica com ela. (risos)

Presidente, eu gostaria de voltar a um ponto salientado pelo senhor a respeito da Reforma Política. Nós tivemos um número menor de marqueteiros, menor financiamento privado de campanha pela impossibilidade de contribuição de pessoa jurídica, o tempo de televisão foi menor, ou seja,

aquilo que se acreditava como impossível ocorreu. Vamos pegar o caso da candidatura Bolsonaro: não tinha esquema de marqueteiro, não tinha esquema de financiamento importante, não tinha partido e conseguiu fazer uma bela campanha do ponto de vista dos meios digitais, isto é, ele soube utilizar as redes sociais. Não temos tampouco a oposição eleitoral tradicional entre PT e PSDB. O paradigma mudou. O que o senhor diria a respeito?

Eu acho que falta um pouco na reforma política ainda: é preciso reduzir o número de partidos. Você veja que, nesta eleição, deu-se um fenômeno curioso, o eleitor teve que decidir entre duas tendências, eu falei em extremos há poucos momentos, não é? E foi em face desses extremos que o eleitor teve que decidir. Ora, tal representação deveria estar baseada em três ou quatro, cinco partidos políticos. Agora, com 35 partidos no país fica mais difícil essa espécie de visão. Eu tenho a impressão de que uma reforma política deverá caminhar necessariamente para a redução das agremiações partidárias, somado ao que já foi feito e deu certo.

Presidente, chamou-me, particularmente, a atenção nos últimos meses a sua atividade, vamos dizer assim, midiática. O senhor, normalmente, é mais discreto. O senhor partiu para uma atividade de youtuber, coisa até de uma pessoa mais jovem acostumada com esses novos meios de comunicação. Eu gostaria de saber se o senhor pensaria em continuar neste tipo de respostas, quando o senhor for provocado, indagado, questionado?

Ah, continuarei. Sem dúvida nenhuma. Esta história de me chamar de Youtuber, sinta-se à vontade, porque, na verdade, foi isso que eu fiz. Eu até comecei a brincar: olha aqui, se falar mal de mim ou do meu governo vai ganhar vídeo. Quem falou, ganhou vídeo, não é? E ganhou vídeo em que eu penso que disse a verdade, porque quando você está com a verdade, você fala com convencimento, que foi o que aconteceu, primeiro ponto. Segundo ponto é que, hoje, a manifestação pelas redes sociais tem tanta, quem sabe maior, importância do que a manifestação pública via tradicionais veículos de imprensa. Então você falar, você se manifestar por meio das redes sociais é importantíssimo. Aliás, convenhamos, o candidato Bolsonaro praticamente não fez campanha. Ficou no hospital e em sua casa, e a campanha foi feita pelas redes sociais. Foi algo totalmente novo!

Isto é uma novidade do ponto de vista político nacional extraordinária.

Claro. E muito compatível com os tempos atuais. Farei e continuaria fazendo! Porque você sabe, Denis, houve muitas imputações de natureza moral em relação a mim, que estão a merecer uma contestação permanente, e eu quero contestá-las permanentemente não só pelas redes sociais, mas também proximamente em pronunciamentos que farei publicamente.

Nós podemos aguardar então novos pronunciamentos entre o primeiro e segundo turno? (risos)

Depende do que vier aí pela frente.

Presidente, eu gostaria de lhe fazer uma pergunta agora como Presidente do PMDB e não apenas como Presidente da República. Como o senhor viu o desempenho do seu candidato Henrique Meirelles?

Olhe, ele fez uma campanha decente, vamos chamá-la assim. Ontem, me perguntaram isto: "Ah, mas ele teve um desempenho pífio, teve 1.20%, uma coisa assim". Olha, o Churchill ganhou a guerra e perdeu eleição logo em seguida. O Doutor Ulysses Guimarães, convenhamos, Doutor Ulysses reconstruiu o Estado brasileiro e, um ano depois, enquanto candidato a Presidente, teve 4.7%, mais ou menos assim, não é? Diria até algo injusto com sua figura pública, voltada para reconstruir o país através da Constituição de 1988.

No que toca ao Meirelles, acho que houve um pequeno equívoco que foi a não defesa das teses do governo, porque ele contribuiu decisivamente para todos os sucessos econômicos que tivemos.

Por exemplo, eu vejo a ex-candidata Marina Silva dizendo, ainda ontem, que "nós estamos vulnerando o meio ambiente do país, em uma degradação do meio ambiente". Eu olhei aquilo... E ela falou isso durante os debates. E eu disse, "meu Deus, se eu estivesse lá... Olha aqui, é mentira! É falso! Vou lhe dar, vá procurar os dados e você verá que nós duplicamos as áreas ambientais no nosso país". Só em matéria de prevenção da área marítima, como já mencionei, nós fizemos uma preservação que equivale à soma dos territórios da Alemanha e da França juntos! É como se mentiras absolutas se tornassem verdades absolutas. Então, isto é que era preciso, sabe? Nessas coisas, você precisa ter lado, você precisa dizer: eu fiz isto, isto, isto, isto, isto... Defendo a tese tal, tal, tal. É isso que o eleitor precisa. Quando você tenta esconder as coisas, o eleitor percebe.

Muitas vezes, o eleitor procura a identidade do candidato.

Claro.

E se não há identidade, há dúvida e distanciamento.

Esta é única observação que eu faria em relação à sua campanha, no mais, foi de uma decência extraordinária, como aliás é do seu perfil.

Presidente, nos últimos dois, três dias, surgiu o movimento nas redes sociais de "Fica Temer!", ou seja, fomos do "Fora Temer!" para o "Fica Temer!" Nós estamos fazendo este documentário também em função do pós-Temer, isto é, como o senhor vai passar como Presidente para História. Gostaria de lhe perguntar o seguinte: como é que o senhor vê esse novo movimento, que foi recorde nas redes sociais mundiais, do "Fica Temer!"?

Olhe, claro que, para mim, é muito honroso. E você disse bem, saímos do "Fora Temer!" para o "Fica Temer!" Você vê que começa um reconhecimento daquilo que está sendo feito ou que foi feito ao longo de todo esse período. Aliás, quando o povo brasileiro tomar consciência de tudo que foi feito nesse governo e olhe, não estou falando de um governo de 4 anos ou de 8 anos, estou falando de um governo de 2 anos e 8 meses, penso que terei este reconhecimento. E ele começa com essa história do "Fica Temer!" Eu não sei de onde vem isso, mas eu soube que, ontem, bateu o recorde nos tópicos mais pesquisados da internet.

Presidente, como é que o senhor vê, neste processo, o papel da Presidente Dilma, recentemente derrotada em sua candidatura ao Senado?

Ela fez uma campanha, uma campanha assim um pouco agressiva. Eu tenho a impressão de que o eleitorado não aprecia essa espécie de agressão. Talvez tenha sido esta a razão pela qual ela ficou em quarto lugar, se não me engano. Eu não aprecio falar sobre quem esteve aqui sentada na cadeira de Presidente da República, mas acho que houve alguns equívocos que determinaram, em primeiro lugar, o seu impedimento; em segundo lugar, o não reconhecimento público, porque é interessante que as pesquisas todas davam-na em primeiro lugar.

Em primeiro lugar!

E, na verdade, no momento da eleição isto não ocorreu. É um aviso, não é? Depois que ela teve seus direitos políticos conservados pelo Senado Federal, eu acho que foi o recado que o povo deu, não admitindo o exercício desses direitos.

E o que o senhor teria a dizer sobre, por exemplo, o Senador Romero Jucá, pessoa muito próxima ao senhor, o Presidente do Senado, Eunício Oliveira, que não foram reeleitos?

Olhe, são figuras que prestaram um relevante serviço no Congresso Nacional. Agora você sabe que nós podemos elencar outros tantos nomes, de vários partidos, que surpreendentemente não foram eleitos.

Eu os elenquei por serem pessoas próximas.

Claro, pessoas próximas. Foi surpreendente! No caso do Eunício, por exemplo, as pesquisas mesmo revelavam que ele seria eleito. De igual maneira em relação ao Romero Jucá que perdeu por 230/240 votos, foi uma coisa no olho mecânico. Eu acho que eles continuarão a prestar serviços na atividade pública, mas fora do Parlamento.

Presidente, a sua fala no Supremo Tribunal Federal, a propósito dos 30 anos da Constituição Federal, foi muito apreciada. O senhor poderia fazer algum comentário a respeito?

Olhe, você sabe que eu fui a esta sessão de comemoração dos 30 anos da Constituição Brasileira, promovido pelo Supremo, por iniciativa do presidente Dias Toffoli, não é? Há todo um rito a ser seguido. A palavra é dada ao Ministro, que fala em nome da Corte, que dá a palavra à Senhora Procuradora-Geral da República, que dá a palavra ao senhor Presidente da Ordem dos Advogados do Brasil e, ao final, o Presidente do Supremo encerra. Ora, quando entrávamos na sessão, disse-me o Presidente Toffoli que me daria a palavra. Respondi: "Olhe, veja você, o que for melhor, eu estou inteiramente às ordens". Eu não tinha nenhum discurso escrito, nada disso, e ele gentilmente me deu a palavra. Aproveitei para dizer uma coisa que me pareceu fundamental no momento em que muita gente, equivocadamente, prega a ideia de destruição desta Constituição, com o intuito de elaborar uma outra, ou seja, prega a destruição deste Estado para criar um novo.

Uma espécie de refundação do Estado.

Refundação do Estado! E eu disse, olha, a primeira palavra que quero dizer, talvez por isso que "pegou" muito bem o discurso, é que o Brasil vai dever muito a esta solenidade de comemoração dos 30 anos da Constituição de 88, porque, aqui, não é a palavra do Executivo, não é a palavra do Legislativo, mas a palavra de quem melhor pode dar uma referência ao conteúdo da Constituição de 88, que é a Suprema Corte, a Corte constitucional, o Supremo Tribunal Federal. De modo que esta cerimônia, dizia eu, terá muito significado e muita repercussão, porque, no instante que vejo todo mundo pregando uma Constituinte exclusiva, uma nova Constituinte, estamos aqui comemorando a sua conservação. E ainda acrescentei, após uma fala de mais de vinte minutos, falando de improviso, que esperava, daqui a cinquenta anos, que o país pudesse vir a festejar os seus oitenta anos. Do modo que eu aplaudo a Constituição Brasileira. E pegou muito bem. Eu senti que "pegou" muito bem.

Capítulo 8

O PRESIDENTE ELEITOR
REFORMA DA PREVIDÊNCIA
PERSPECTIVAS DE FUTURO

Capítulo 8
**O PRESIDENTE ELEITOR
REFORMA DA PREVIDÊNCIA
PERSPECTIVAS DE FUTURO**

Presidente, muito obrigado novamente pela sua disponibilidade. Estamos concluindo esta série de gravações que certamente vai passar, espero, para a História republicana do nosso país. Primeira pergunta de hoje: em quem o senhor votou? O senhor sabe que eu provoco um pouco...

Você sabe que eu respondi no tocante ao primeiro turno. Agora vou responder sobre o segundo turno.

(risos) Não, não. Agora nós estamos no segundo turno. Já temos o resultado do segundo turno. Para nossos ouvintes e telespectadores, nós estamos na quinta semana após o segundo turno. Em quem o senhor votou?

Olhe, no segundo turno são dois candidatos. Eu votei naquele que não falou mal do meu governo. Como eram dois candidatos, dá para saber em que eu votei.

Em relação, portanto, ao nosso novo presidente da República, deputado Jair Bolsonaro: qual foi o seu primeiro contato com ele no momento de uma conversa telefônica?

Foi logo no dia da eleição. Você sabe que assim que se anunciou o resultado, eu liguei imediatamente para ele, e ele teve a delicadeza de atender imediatamente e ele estava com centenas de pessoas ao seu lado, como mais ou menos eu estava aqui também durante o telefonema. Ele agradeceu muito; ficou, penso eu, grato pelo telefonema e me agradou muito, porque logo no telefonema ele deu um tom, digamos, espiritual para ligação, ao que eu disse *amém*. Até foi uma coisa, embora rápida, mas com quatro ou cinco frases. Uma delas: "Que Deus nos ajude" e eu disse *amém*. Eu acho que foi o primeiro contato que tive com ele depois, de ter tido muito contato durante o período em que nós fomos deputados juntos. Eu não tinha, digamos assim, permanente conversa com ele, mas tinha contato, porque coincidiam os seus mandatos com os meus mandatos na Câmara Federal.

Como eram esses contatos anteriores com ele?

Eram ligeiros, sabe, porque eu fui três vezes presidente da Câmara dos Deputados...Eu acho que até, pelo menos eu sempre computei o voto dele para as minhas eleições para presidente da Câmara, não é? Eram contatos muito rápidos. Ele tinha uma posição definida já naquela época e coerentemente foi a mesma posição que ele adotou durante a campanha e parece que é a posição que ele vai levar adiante durante o governo.

Como é que foi o primeiro contato presencial entre vocês, quando ele se apresentou diretamente no Palácio do Planalto enquanto Presidente eleito?

Foi uma visita que ele me fez ao Palácio do Planalto e, no primeiro momento, conversamos muito. Havia um grupo dele e um grupo meu. Naturalmente, todos muito, muito interessados na conversa que nós estávamos tendo, mas logo em seguida o Onyx Lorenzoni[1] disse "olha, é melhor nós deixarmos os dois presidentes sozinhos para conversar um pouco", o que de fato foi útil, porque durante a conversa nós pudemos trocar ideias sobre o governo. E ele até muito modestamente me perguntou: "Presidente, que conselhos o senhor me dá?" E eu disse, "olha, eu não dou conselho para Presidente. Se

---

1. É, atualmente, (abril de 2020), Ministro da Cidadania no governo Jair Bolsonaro.

quiser que eu dê alguns palpites, eu dou". E daí eu dei alguns palpites para ele. Eu tenho a impressão que ele registrou especialmente no tocante à política internacional de natureza comercial, as relações comerciais que nós temos com vários países e até naquela oportunidade eu o convidei para ir ao G20, porque, disse eu, no G20 estarão as 20 potências do mundo, entre os quais o Brasil e como é aqui perto, na Argentina, se você quiser e puder ir... Ele se interessou muito, mas ele iria consultar o médico e tudo indica que ele consultou e parece que havia uma certa dificuldade para ele ir a uma viagem um pouquinho mais longa, enquanto não fizesse a segunda operação que, me parece, até ficou para o mês de janeiro.

Presidente, o senhor diria que o contato entre vocês, portanto, foi muito cordial?

Muito cordial e você sabe que na sequência... Até vou usar a mesma palavra: acho que nunca houve uma transição tão civilizada e tão cordial como esta que está se verificando. Você veja que nós montamos dois grupos: ele montou o grupo dele da transição; eu montei o grupo do governo, e esses dois grupos estão em permanente contato. Fisicamente, até se encontram no Centro Cultural do Banco do Brasil, que foi especialmente preparado por nós para receber a equipe de transição, e lá é que eles estão trabalhando, mas já chamando os membros da nossa equipe para participar dessas conversações. Você veja, até eu registro um fato curioso, o fato de a Marcela ter acompanhado a Dona Michelle, primeira-dama eleita, na visita aqui ao Palácio da Alvorada. Também fez parte transição, não é? Então, digo eu, a transição está sendo civilizada e cordial como, penso eu, há muito tempo não se verificava no nosso país.

O senhor poderia fazer um contraste com a forma como que recebeu o governo?

Olhe, eu acho que foi bem diferente. Eu até contei a ele que quando cheguei ao governo, a única pessoa que eu encontrei para me receber e os que chegavam foi uma moça, uma mocinha, que estava lá na antessala do gabinete e nada mais do que isso. Não tivemos nenhuma informação, nem pessoal, nem documental, porque eu percebi, perceberam todos, que nos computadores estavam as memórias todas apagadas. Então nós começamos do zero; pelo menos ao governo Bolsonaro nós estamos, digamos, ensejando que ele comece com todas as informações governamentais. Não só produzimos um livro da transição, onde estão todos os dados como, repito, os vários encontros que as duas equipes estão tendo.

Gostaria de aprofundar um pouco esse ponto, senhor Presidente. O senhor está tendo uma postura republicana, transparente, e um tempo atrás eu vi um comentário, muitos elogios a seu respeito, de uma economista, cujo nome agora me escapa... Zeina...

Zeina Latif.

Zeina Latif. Dizendo o seguinte: que o senhor fez uma grande contribuição para o país em ter tornado transparente as contas públicas, as finanças públicas, então o senhor está, nessa transição, fazendo o exercício de transparência, que eu acho extremamente benéfico para o país, um exemplo, eu acrescentaria, e gostaria que o senhor pudesse comentar a respeito.

A transparência, em primeiro lugar, é um dever constitucional. A ideia da Transparência, derivada da ideia da publicidade, à que alude o texto constitucional,[2] além de ser naturalmente, uma obrigação do administrador público. Mas eu folgo muito, fiquei muito feliz quando verifiquei esse artigo da professora e economista Zeina Latif, porque ela revela exatamente essas palavras

---

2. Vide art. 37 da CF/88: *Art. 37. A administração pública direta e indireta de qualquer dos Poderes da União, dos Estados, do Distrito Federal e dos Municípios obedecerá aos princípios de legalidade, impessoalidade, moralidade, publicidade e eficiência* (...).

que você acabou de anunciar, essa sentença que você acabou de anunciar, que a nossa administração em geral e particularmente econômica foi de uma transparência absoluta e até, muito recentemente, ela foi a um... Acho que o William Waack tem hoje um programa e chamam a professora Zeina Latif e mais outros economistas e logo a primeira pergunta que ele fez foi de como ela estava vendo meu governo. Ela fez as melhores referências; dizendo que ela hoje fala muito do governo Temer, porque nós fizemos isto, isto, isto, isto... E ali enumerou uma porção de dados e fatos que nós realizamos durante o governo. É importante, porque num clima em que muitas vezes no passado havia uma hostilidade muito grande ao nosso governo, verificar palavras dela e depois de outros que estavam também nesse mesmo programa, também todos elogiosos, é muito importante para o nosso governo e para História, não é?

A esse respeito gostaria ainda de acrescentar um ponto, senhor Presidente. O senhor está dando um exemplo de transparência e, ao mesmo tempo, o novo governo... Quando o senhor referiu há pouco os candidatos que apoiaram as suas metas de reforma e os que não apoiaram, o novo Governo está sinalizando claramente para um prolongamento, uma continuação do seu programa de reformas, sobretudo na área econômica. O que o senhor diria a respeito?

Tudo indica que vai acontecer isso. Eu tenho dito que... (Pausa)

É um reconhecimento!

É um reconhecimento, claro. De fora a parte outros reconhecimentos, até por "memes" que têm surgido nas redes sociais, eu acho que começou o reconhecimento até antes do tempo que eu imaginava ser o meu governo reconhecido. Agora, eu tenho dito, com muita frequência, eu espero, digamos assim, que o governo Bolsonaro prossiga na linha reformista que nós adotamos. Veja que em dois anos e pouco nós fizemos muito em termos de mudanças no nosso país; e tudo indica, pelas suas palavras, pelas palavras dos membros da equipe que ele está montando, que haverá uma continuidade daquilo que nós fizemos. Claro que haverá adaptações, eventuais modificações...

O que é normal.

É normal. E, veja, quando nós pensamos em um novo governo, qual o governo vai desejar, digamos, juros de 14.25% e não de 6.5%? Qual o governo vai desejar inflação de 10% ou 11% e não a inflação de menos de 4%, portanto, abaixo da meta. Eu acho que tudo isso vai colaborar... É o que eu costumo dizer: cada governo faz o seu papel. Eu fiz o meu; o governo Bolsonaro vai fazer o seu papel e, penso eu, dará continuidade a aquilo que nós começamos.

Em relação a esse ponto da continuidade ainda. O senhor se referiu, numa entrevista anterior nossa, à possibilidade de uma reforma da Previdência ainda durante o seu governo em colaboração com o Presidente eleito. Parece que isso não está se concretizando. O que aconteceu?

Eu acho que aconteceu o seguinte: é natural que os membros do governo Bolsonaro fizeram avaliações no Congresso Nacional a respeito da possibilidade de aprovar a reforma que eu mandei para o Congresso e que, até devo registrar... Porque... Interessante, viu, Denis?, Eu vejo que pouca gente conhece a reforma que eu propus. A reforma que propus é de uma suavidade temporal extraordinária, porque, na verdade, ela estabelece o seguinte: o homem que se aposenta aos 60, vai se aposentar 65, mas de que maneira? Dali a dez anos, porque a cada dois anos, é que haverá um acréscimo de um ano na aposentadoria. Então nós vamos levar dez anos para chegar aos 65 anos, uma transição suave, portanto, que não alcança os mais pobres. Você sabe o pessoal da área rural, o pessoal do benefício de prestação continuada não sofre nenhuma consequência. Eu penso, e também fiz as minhas indagações, e verifiquei que, de fato, não há muito clima neste final de mandato para aprovar uma reforma previdenciária, até porque digamos assim, aqueles que não foram eleitos poderão indagar-se: "por que é que eu vou votar uma matéria tão polêmica se eu vou sair daqui?" Pelo menos esta é uma concepção que me chegou aos ouvidos. No dia que nós conversamos, eu disse: "olhe, Presidente, se quiser, nós podemos levar adiante, mas será uma coisa conjunta, porque precisa muito do seu apoio, do seu empenho, do seu entusiasmo. E ele me fez essas ponderações, com as quais eu concordei, mas penso que ele fará logo no início do governo. E nada melhor do que fazer uma reforma como essa no início do mandato.

Mas foi aí... daí então ele utilizaria a sua reforma tal como está para ser votada para ser imediatamente adotada no início do mandato dele ou ele apresentaria uma nova proposta? Qual seria sua ideia?

Aí eu confesso que não sei dizer. (pausa)

Não, porque... Desculpe, senhor Presidente. Tem uma diferença enorme. Ou seja, pegar a sua proposta que está pronta e ser votado digamos em fevereiro é uma coisa; apresentar uma nova proposta demora de 6 meses a 1 ano.

Não há dúvida que uma nova proposta vai demandar todas as discussões que já foram feitas e, portanto, serão elas retomadas. O nosso projeto já foi aprovado até na comissão que cuidou da Previdência Social... (pausa)

Pois é, é a isso a que me refiro.

Eu acho que se puder aproveitar isso para fazer uma primeira reforma previdenciária, porque eu faço aqui um corte, a reforma da previdência tem que ser feita de tempos em tempos, porque se ela... a minha, como disse, é uma reforma suave, mas se mais adiante quiser agravá-la, é preciso uma nova reforma. Mas eu penso que é preciso ir por partes. Se aprovar a que nós fizemos, eu acho que o tempo é menor do que iniciar um novo processo de reforma constitucional no tocante à Previdência.

Presidente, o governo cubano criou recentemente uma crise com o Brasil retirando de uma forma abrupta a equipe do Mais Médicos que servia mais de 8 mil postos para a população brasileira. O senhor teve uma reação rápida e extremamente bem-sucedida. Eu gostaria do seu comentário a respeito.

Reação rapidíssima. Você veja que hoje nós estamos gravando aqui é dia 26 de novembro. Este fato que você aponta do governo cubano se deu no dia 14, portanto, menos de duas semanas depois, nós já estamos, e há pouco eu estava aqui com o Ministro Gilberto Occhi da Saúde... já foram selecionados cerca de 8.200 médicos, portanto, 96% dos médicos necessários para dar provimento a todas as necessidades dos municípios brasileiros, que eram atendidos pelos médicos cubanos. Então, eu até brinquei com Occhi, numa pequena gravação que nós fizemos e dissemos, "olhe, meu governo tem dois anos e meio e fizemos tudo muito rapidamente, em dois anos e meio, mas o recorde foi precisamente nessa questão do Mais Médicos. Veja que é uma questão que envolve a saúde. As preocupações da população eram intensas e foram retratadas em reportagens televisivas até que nós demos com rapidez uma resposta porque muitos já começaram até a ocupar os seus postos de trabalho. Acho que foi mais uma vitória significativa do nosso governo e acrescento até mais um dado interessante: nós estamos dando cerca de 8.200, 8.400 empregos, porque é emprego para médico brasileiro, não é para médico estrangeiro, não é para médico cubano.

Agora, o senhor sabe, me chamou particularmente atenção a maledicência em relação aos médicos brasileiros porque, se senhor me permitir, os governos petistas sempre disseram seguinte: os médicos brasileiros não poderiam su-

prir esse mercado. Quando a ocasião se apresentou, agora, a resposta foi rápida e, sobretudo, os médicos brasileiros mostraram que estão formados, são competentes e que irão para o interior do país. Eu acho que isso muda um pouco, por assim dizer, um certo paradigma fraco, mas enfim, que estava conduzindo essa política de saúde no Brasil.

Você sabe que todos os inscritos nos conselhos regionais de medicina, todos inscritos: recém-formados, é recém-formado ou formados há mais tempo, todos inscritos foram os que foram selecionados. Portanto, você tem razão, havia uma afirmação, criou-se uma ideia de que os médicos brasileiros não queriam fazer isso... (pausa)

É isso aí, esse é o meu ponto.

E o grande afluxo... Porque eu penso que embora selecionados 8.200, acho que houve mais de 20 mil inscrições. Na verdade, houve grande interesse pela obtenção desse cargo, que é valioso. Afinal paga mais de 11 mil e tantos reais, quase 12 mil, é uma coisa interessante. Mais uma vez reitero: são empregos que nós estamos dando a cidadãos brasileiros.

Presidente, eu gostaria também, nesse nosso último encontro, falar um pouco sobre o PPI (Programa de Parcerias de Investimentos) sob a condução do Ministro Moreira Franco. Trata-se de um projeto extremamente bem-sucedido e que nesse seu final de governo está se realizando por intermédio de editais de novas concessões. O senhor poderia comentar a respeito?

É verdade, o Moreira deu início, logo no preâmbulo do nosso governo, no começo do nosso governo, a essa fórmula que prosperou enormemente. Agora nós vamos assinar muito proximamente editais para mais de 20 concessões que não serão realizadas neste governo, mas ficará tudo preparado para o próximo governo fazer as concessões. Portanto, o trabalho que nós estamos realizando agora pensando também no futuro, como de resto, me permita voltar a questão do Mais Médicos, você veja que nós não deixamos um problema para o próximo governo. Surgiu problema, nós imediatamente detectamos, evidentemente, e imediatamente resolvemos. Ou seja, este problema do Mais Médicos chega resolvido para o próximo governo, como o problema das concessões chega, pelo menos, semirresolvido para o próximo governo

Obrigado, senhor Presidente.

Michel Temer e Papa Francsisco.

■ A Escolha | **Michel Temer**

Papa Bento XVI e Michel Temer.

Michel Temer e Papa João Paulo II.

Michel Temer | *A Escolha* ■

Discursando na Cerimônia de Início da Integração dos Submarinos - Classe Riachuelo.

Discursando na Conferência Internacional "O poder do investimento na primeira infância para o Desenvolvimento com Equidade."

■ A Escolha | Michel Temer

Cerimônia de lançamento do Programa Emergencial de Ações Sociais para o Estado do Rio de Janeiro e seus Municípios.

Cerimônia de encerramento do II Encontro Carta Caiman - Pantanal.

Pósfacio

Pósfacio

Já havia concluído este ciclo de entrevistas, que se deu no segundo semestre de 2018, quando, no primeiro semestre de 2019, ocorreram fatos que não posso deixar de mencionar sob pena de restar um depoimento inconcluso. Processos judiciais que se encontravam no Supremo Tribunal Federal pelo fato de ser eu, Presidente da República, foram remetidos aos Juízos de Primeiro Grau quando deixei de sê-lo. Confesso que estava tranquilo em relação à sua tramitação já que, baixados os autos, concluir-se-ia a investigação que seria remetida ao Ministério Público. Este faria ou não a denúncia. Se não fizesse, arquivaria o procedimento. Se feita, seria encaminhada ao Juiz para recebê-la ou não. Longo processo, portanto, haveria de ser percorrido. Porém, baixados os autos, membros do Ministério Público Federal ofereceram representação pedindo a minha prisão preventiva, afinal deferida pelo Juízo. Isso tudo sem que eu tivesse sido indiciado, denunciado nem ouvido. Conto até que, sendo eu da classe jurídica, se alguma autoridade viesse a mim e dissesse "olhe, tenho um mandado de detenção e peço que me acompanhe". Que faria eu? Apresentar-me-ia. Mas, o que fizeram? Preferiram o espetáculo de rua. Tudo para cumprir o mandado de prisão de um cidadão que não representava nenhum perigo. Mas valia o espetáculo! Mas, isso não durou muito tempo. Decisões judiciais posteriores revogaram as anteriores. Sem embargo disso, adotaram-se medidas cautelares. Dentre elas, a apreensão do meu passaporte com o fundamento de que talvez eu pudesse fugir do país. Eu que, encerrando o mandato presidencial, evitei sair do país por poucos dias que fossem para que nenhuma alegação desta natureza pudesse ser feita. Sendo assim, recebi honrosos convites para falar na Universidade de Oxford, depois, na de Salamanca e em Madri. Estive nessas localidades para falar, em algumas, da minha carreira acadêmica e, em outras, para falar sobre o meu governo e o Brasil. Nessas ocasiões, tive a oportunidade de proferir palavras elogiosas ao nosso país, incentivando investimentos estrangeiros. Em outras palavras: minhas viagens foram úteis para a imagem do Brasil no exterior. Fui e voltei. Sem nenhum prejuízo para os processos judiciais.

Nas entrevistas que dei, quero recordar o caso de gravação criminosa feita por um empresário, o que levou o Procurador-Geral da República a, sem maiores indagações, propor um dos procedimentos judiciais. Pois bem. Decisão recente de Vara Federal de Brasília absolveu-me sumariamente sem a necessidade de nenhuma instrução processual, tal era a inconsistência da gravação mencionada. Aliás, a sentença diz que o denunciante juntou frases desconexas e distantes umas das outras para fazer ilações que não poderiam dar ensejo àquela medida judicial.

Mais recentemente, fui designado pela Presidência da República para chefiar missão humanitária ao Líbano em face da tragédia lá ocorrida. A minha designação se deu por ser eu ex-Presidente da República e descendente de libaneses. A missão foi muito bem sucedida.

Fiz governo sério e produtivo. Tal como exposto nas entrevistas, fiz grandes reformas que o Brasil carecia e merecia. E isso num governo de dois anos e sete meses, não de quatro ou oito anos. Redução dos juros, queda da inflação, recuperação das estatais, teto para os gastos públicos, modernização trabalhista, reforma do ensino médio, paralização do desemprego e início de acentuado emprego, recuperação do PIB que estava negativo em quase 4% para positivo de 1,1%, além dos aumentos para o Bolsa-Família, incremento do Minha Casa Minha Vida, liberação de verba para empréstimos a pessoas de baixa renda para atividade própria, liberação das contas inativas do FGTS e do PIS-PASEP, incrementadora da economia, ampliação das áreas do meio ambiente são exemplos rápidos do muito que fizemos durante aquele curto espaço de governo. Daí porque tenho sido convidado para inúmeras palestras, aqui e no exterior, para falar do meu governo. Aliás, nelas, tenho pregado a indispensabilidade do cumprimento rigoroso do Texto Constitucional, já que a aplicação da Lei é o que traz a chamada segurança jurídica. Como tenho salientado, também, a necessidade de pacificação do país. As divergências programáticas e partidárias não podem ser de molde a dividir os brasileiros. E não digo isso apenas porque penso dessa maneira, mas sim porque a Constituição alude à palavra *paz*, determinando-a em várias de suas passagens. Com vistas não só no plano interno, como também no internacional.

Com a Graça de Deus, percebo que o meu governo tem sido amplamente reconhecido.

É para os atuais e para os futuros estudiosos dos governos do nosso país que deixo o registro de todos os fatos que o leitor teve a oportunidade de acompanhar.

Michel Temer

Patrocínio das entrevistas: MDB – Fundação Ulysses Guimarães.